赢在B端

B2B品牌营销增长手册

刘宇航◎著

中国纺织出版社有限公司 | 国家一级出版社
全国百佳图书出版单位

内 容 提 要

B 端的营销增长不同于 C 端营销增长，是以增长为目的的大营销增长体系。本书是针对 B 端产品营销增长的一套体系化方法论，从 B 端产品营销增长的道与术，详细解读 B 端产品营销增长的方法与实践。

全书分为三大部分，六章内容，贯穿了 B 端营销增长的全生命周期，以及每个环节、每个步骤的可落地实操路径，形成了 B 端营销增长的全流程闭环。

本书是适合 B 端从业者提升营销增长效率、提高增长业绩的操作指南，也是 B 端营销增长人员升级营销增长思维、提高营销增长技能的红宝书。

图书在版编目（CIP）数据

赢在B端：B2B品牌营销增长手册 / 刘宇航著. --北京：中国纺织出版社有限公司，2021. 6

ISBN 978－7－5180－8499－9

Ⅰ. ①赢…　Ⅱ. ①刘…　Ⅲ. ①电子商务—品牌营销　Ⅳ. ①F713.365.2

中国版本图书馆CIP数据核字（2021）第074819号

策划编辑：陈　芳　　责任校对：楼旭红　　责任印制：储志伟

中国纺织出版社有限公司出版发行
地址：北京市朝阳区百子湾东里 A407 号楼　邮政编码：100124
销售电话：010—67004422　传真：010—87155801
http://www.c-textilep.com
中国纺织出版社天猫旗舰店
官方微博 http://weibo.com/2119887771
天津千鹤文化传播有限公司印刷　各地新华书店经销
2021 年 6 月第 1 版第 1 次印刷
开本：710 × 1000　1/16　印张：14
字数：141 千字　定价：58.00 元

写在前面

“我只是一个串珍珠的人，把散落在每个人脑海中、日常工作中的珍珠穿起来而已。”

2015 年，我从 4A 广告公司进入一家 TO B 的大数据公司，负责市场推广。

驾轻就熟的 TO C 营销套路忽然间失灵，工作充满了焦虑、拧巴与不适。

翻遍书店，没有一本可以借鉴的 B2B 营销实战书籍。这事只能靠自己。

5 年来，一边学习，一边摸索，通过品牌营销获客贡献了公司 80% 的销售商机。

今天，我把它写出来，不仅仅是作为公司部门内部的市场工作手册，也是一套接地气、系统性、全面性阐述 B2B 营销增长的实战方法论。

有些方法虽然没有成文，但是大家一直在用，所以我只是把它们重新总结了一遍。

书中难免偏颇、遗漏之处，也请方家指正，教学相长。

作者

2021 年 3 月

序言

TO B行业更需要品牌营销

随着 C 端业务的增速放缓，B 端业务逐渐成为创业者重点关注的领域，但是从目前来看，中国 B 端市场依然远远滞后于欧美。这种现状也让 B 端业务在中国具有充分的发展空间。

相关 B2B 营销报告显示，超过半数的企业缺少正规的营销计划。供给和需求两方面的条件变化，为企业级服务的生长创造了条件，AI、大数据、物联网、云计算等新兴技术也将能助力企业提高生产力，实现转型发展。

以往大部分 TO B 产业的企业更看重产品服务在业界的口碑，但是对于品牌宣传并不重视。在当下互联网时代，信息快速传播，仅仅靠口碑无法在激烈的竞争中快速占领市场。而且就目前而言，国内市场对企业服务的接受度仍然较低，教育市场与打出品牌知名度成为 TO B 企业的首要任务。

在营销这个行业浸淫了近十年，从传统的房地产广告到互联网营销，从传统的媒体推广到流行一时的 DSP 精准营销，从 TO C 的大宗商品到 TO B 的定制化项目营销，每一次自我转型其实都是一次挑战，这其中有面对未知的忐忑与好奇，也有着水土不服的尴尬与窘态。从我经历的种种来看，TO C 与 TO B 虽然都属于营销这一范畴，但是 TO C 和 TO B 着实有些不同，不说是天壤之别，但是差异确实很大。

B2B 行业需要品牌营销吗?

企业营销圈有一个共识，TO B 企业的市场推广与销售运营，相比 TO C 企业而言，挑战要大得多。在中国 TO B 产业风口渐起渐强的背景下，TO B 市场营销如何破局，成为业界管理者共同面临的难题。

有些营销行业的老兵在 TO C 行业做得顺风顺水，随便一个项目就是 10 万 +，但是一换到 TO B 这个航道，却往往出现水土不服的现象，甚至做到最后连自己都在怀疑，TO B 行业需要品牌营销吗？这也许是营销行业一个普遍的问题。

我们日常能够接触到的有关营销活动以及营销书籍和营销理论，基本都是建立在 TO C 领域的商业范畴，即使一些知名营销奖项的评选也基本都是清一色的 TO C 案例，几乎看不到 TO B 领域的案例身影，也很少有专门的营销大师来讲 TO B 营销应该怎么做。那么 TO B 领域到底需不需要品牌营销，或者在 TO B 领域做品牌营销到底有没有价值和意义呢?

我想答案应该是肯定的。TO B 领域依然需要品牌营销，而且比 TO C 领域更需要。看不见的东西等于不存在，你看不见或者听不到，也许是不在你的接收范围之内。

那么问题来了，这么多年 TO B 行业的营销到底是怎么做的？长期以来，大多数 TO B 企业都是销售驱动型的，不管三七二十一，能卖得出去便是王道，于是大多数 TO B 企业都没有设立专门的市场部，往往由销售部门承担品牌和市场的双向职能，市场和销售之间并没有明确的界限。还有一部分企业，即使有市场部，市场部也处于弱势地位，造成这样的原因一是不被领导重视，二是受到销售部门的排挤，认为“市场无用”，只是忽悠和做“表面文章”而已。

出现以上问题的主要原因一是因为长期以来中国的 TO B 企业还是以粗放型管理为主，只追求短期的利益和目标；二是取决于领导的格局与眼光，大多数企业老板还是走传统的搞“客情关系”的老路子，也许送送礼、请请客比什么都见效快。长此以来，就形成了 TO B 行业只注重客情关系，而不是注重产品、服务和品牌的局面，这也许是在中国 TO B 行业很少出现伟大公司的原因之一吧。

有人说，营销就是客户有多少钱，我做多少事。只能说这样的公司连产品化进程都没完成，还没有长大，却已经老了。

但随着经济制度的健全，信息越来越透明，市场规则越来越完善，竞争越来越剧烈，不被大众理解的 TO B 市场也进入了拼产品、拼品牌、拼服务的时代，也许之前的老一套就不怎么管用了。

因此，TO B 客户的采购活动也变得越来越理性，越来越挑剔，越来越规范。通常情况下，选择一个供应商要对比很多家才能够最终完成决策，因此供应商的产品口碑与品牌就显得尤为重要，这也是目前 TO B 行业品牌意识觉醒的重要原因之一。

TO B 品牌营销意识的觉醒一方面取决于市场环境的变化，另一方面取决于创业环境的变化。在过去的创业热潮中，大多数创业者都选择是TO C领域的项目，涌现出了一大批创业公司，也有一些公司取得了很大的成功，但是在中国，一个创业点子只要被人验证，就会有无数的后来者跟进，即使是前所未有的空白市场也会很快变成一片红海。

经过这么多年的大众创业，几乎每个TO C领域都被创业者重新做了一遍，这是一片被耕烂了的土地，很难再种出好庄稼，于是创业大军们开始将方向转为TO B领域，就这样TO B领域的公司也开始突飞猛进，大有“忽如一夜春风来，千树万树梨花开”的态势。因此，原本被创业者和资本冷落多年的TO B市场突然变得炙手可热，从前的“蓝海”很快又将变为一片“红海”。蛋糕就那么大，而竞争越来越激烈，就看谁能够率先“出位”，因此品牌营销变得异常重要。

就拿我所在的公司来说，在我建立市场部之前，公司的客户主要来源于销售的地毯式销售和拜访，好与坏全凭销售“一张嘴”+“一双腿”。后来通过市场部门的推广，一年以后，公司80%的销售线索和商机来源于市场推广获客，市场知名度和客户主动咨询率也翻了数十倍，甚至有些客户通过网络咨询，远程快递合同就可以敲定合作，完成不见面交易。这在以前的话简直不可思议，不知道销售要出多少趟差才能确定。而现在不仅提高了获客效率，更重要的是降低了销售成本。

在这里，我想通过这个例子纠正一下那些小偏见：市场推广不是只会做表面文章，也不是只有华而不实的东西，相反，市场推广是为了让销售变得更好做。不管是 TO C 营销还是 TO B 营销，首先要解决的是市场信息不对称的问题，即告知你的客户或者用户。

试想一下，当一个销售去推销产品时，只需要给客户递上一张名片，客户就知道你卖的是什么产品，你们公司是做什么的，在行业里面的影响力如何，那是一种怎样的体验？相反，当一个销售员历尽千辛万苦见到了一个客户，需要不停地给客户解释他们是哪家公司，是干什么的，有什么产品和服务，客户依然听得一头雾水。客户说："我只有三分钟时间，请您给我讲明白。"那是一种怎样的窘境？

TO B 的营销往往更具专业性，不同于 TO C 的营销，大多数客户不会因为一时冲动而购买你家的产品和服务，相反他会反复地调研和对比，最终才能确定采购供应商。如何左右他们的决策，品牌力在其中起到的作用是不言而喻的，而这些作用往往是隐性的，经常被企业所忽略。

所以，从这个意义上说，TO B 的企业要做好品牌营销，首先要从潜意识里改变对品牌的看法，真正意识到品牌的重要性和价值，否则我劝你最好别做品牌，继续延续你小作坊式的模式也挺好，做不大也一时死不了，免得你做了品牌但又想立竿见影，陷入"画虎不成反类犬"的尴尬境地。

作者

2021 年 3 月

目录

第一部分　TO C向左，TO B向右

第三部分　实效第一，声量第二

第一部分

TO C向左，TO B向右

第一章 重新认识B端营销增长

TO B产业总是与产业重、工作土、观念思维落后等词汇相挂钩，与我们日常触手可及的C端消费者的距离似乎十分遥远，因此也使得B端品牌传播体系的建设相较于C端并没有那么令人重视，但实际上其重要性依旧不可忽视。

第一节 特征洞察：B端业务营销的六大基本特征

TO C领域的业务模式与TO B领域的业务模式有很大的差异性，如果将TO C领域的营销方式照搬到TO B领域的话，将会产生严重的水土不服，但是有些道理是相通的。虽然不能照搬，但也会有可借鉴之处。

在探讨TO B的营销模式之前，首先我们要弄清TO B的业务模式和特点，这跟TO C的营销方式有异曲同工之处，那就是要先了解需要营销的产品和服务。

TO B的产品和服务相较于TO C来说，有很大的差异性，一般来说，TO B 的业务模式具有以下几个特征：

第一，极强的专业性

相较而言，TO B 的业务一般具有很强的专业性，主要是由于 TO B 的产品和服务不是面向大众的一般消费品，而是面向企业级客户的专业产品及服务。有些领域甚至涉及高精尖技术和复杂的业务流程。对于不经常从事相关专业领域工作的人来说，通常情况下很难理解其中的原理，讲起来也比较晦涩难懂，因此对专业性要求很高。

优秀的 B2B 市场营销人都是该领域的“半个专家”。

不同于 TO C 的营销方式，TO B 的营销不是仅凭一句简单的广告语，或者一则短视频就可以打开局面。对于从事 TO B 领域的市场营销人员来说，不仅要掌握营销的知识和技能，更要对所要营销的产品和服务深入了解，成为本领域的“半个专家”，这样才能做到产品心中有数，策划胸有成竹，执行运用自如，尺度拿捏得当，从而使营销掷地有声，而不至于让营销成为“喊口号”。毕竟，企业级客户为情怀埋单的很少。

所谓“半个专家”不是要求市场营销人员会做产品或者为客户提供专业的服务，而是要求市场营销人员站在客户的视角来深入理解自家的产品和服务，挖掘产品的价值，更好地传递产品的价值给你的目标客户，而不是隔靴搔痒式的宣传。要知道，在相关专业领域，客户一般比产品服务提供方更懂自己的需求，更具专业性，甚至信息的获取比供应商还要多。所以作为专业的产品服务提供方，要比客户想得深，想得远，这样才有可能打动你的目标客户。

第二，客单价更高

对于TO C的产品服务来说，除了大宗的房地产和汽车产品以外，一般情况下客单价都比较小，而对于TO B的产品服务来说，客单价都比较高，远远超出普通的TO C产品服务。TO B的产品服务一般从几千元到上亿元的单子不等，有些甚至包含了不同的套餐组合，并非单一的产品和服务。这就决定了TO B的产品购买决策比较复杂，决策流程一般来说比较长。

对于高客单价的TO B产品及服务来说，用TO C惯用的“单点突破”的营销技巧来做的话显然是不合时宜的。营销的“价值”一定要匹配“产品价值”，不能因为营销内容反而让产品变得“太轻”或“太薄”，或者营销内容没有完全体现产品的价值。

如何通过有效的营销，精准地传递给目标客户产品价值，是TO B营销人员面临的一个问题。做过房地产营销的人知道，如果要将房子卖出高价，成为顶级豪宅，除了宣传房子本身的用材用料、区域位置、交通环境，更要赋予房子一些高附加值的东西，比如人文历史、风水格局、园林景观、空气环境、社交圈层、教育资源等各种抬高房价的因素，由卖房子转变为卖生活方式。那么，作为TO B的高客单价营销，我们又应该如何去突破？

第三，标准化程度低

相较于TO C标准化的产品服务，TO B的产品服务一般以非标准化居多。所以一般情况下，除了TO B的硬件产品，也就是实物产品以外，其他软件类或者服务类的产品服务一般都是非标准化的。造成

TO B 产品服务非标准化的原因主要是由于客户对业务理解的差异化造成的。

就是同一领域，同一个业务，每个客户的需求都是不尽相同的，这一方面取决于不同客户对业务的理解层次和认识深度，一方面取决于不同客户的实际情况，比如不同地域、客户规模、组织架构等各种因素，不同的客户侧重点会有所不同，所以造成了同一类产品虽然大体趋同，但是又各有差异的局面。

TO B 领域需求的非标准化，造成了产品服务势必存在“定制化”的现象。虽然近些年来 TO B 领域也在转型升级，很多公司都在朝着标准化产品服务的方向迈进，但是短期内难以改变现状，定制化一时难以消灭。所以在未来很长一段时间内，依然是以基础标准 + 局部定制的形式存在。这样就给市场营销人员造成了又一大挑战。

第四，购买决策复杂

一般情况下，TO C 领域的产品服务购买决策者和使用者往往是同一个人，或者购买决策往往取决于个人的“一念之差”或者触发单一的“购买动机”就有可能产生购买行为。而 TO B 的产品服务购买决策者和使用者往往是两类人，是相互分离的。

对于 TO B 采购来说，可以总结为八个字：集体决策，长官意志。也就是说埋单的是集体，而决定要不要买往往取决于领导决策，使用者往往是集体所有者或者集体中的某一类人，比如具体的业务部门。这就造成了 TO B 市场营销不仅要从使用者的需要出发，也要顾及领导的“无声偏好”，二者不可偏废，才有可能击中要害，触发购买动机。

因为TO B的这种决策链条比较复杂，我们要去了解产品关键的决策人是谁，谁来决定，针对不同的人，是不是要给出不同的沟通方案和策略。

比如近几年流行的办公软件，产品需求是为了提高全员管理效率，但满足领导的“无声需求”便是更好地“控制员工”，所以很多厂家在宣传的时候有意识地宣传“日志”功能，正中领导们的下怀，迎合了领导们有效控制“员工”的需求，但是对于员工来说，未必喜欢这个功能。

第五，服务流程长

一般情况下，对大多数TO C领域的产品来说，客户埋单以后意味着整个营销活动的结束，而对于大多数的TO B产品服务来说，签订协议以后意味着服务才刚刚开始，少则一两周时间，多则几年时间，尤其在IT行业，项目持续几年才能验收的情况非常普遍。

因此，对于TO B客户来说，不仅仅考虑的是产品性能和服务质量，而且还会考虑到后续的服务，比如运维成本是不是可控，售后服务是不是跟得上，是不是具有可扩展性和延续性等一系列问题，这些都是构成客户选择供应商的关键衡量指标。

所以，对于TO B领域，营销目标不仅仅是促使客户下单购买，更重要的是要让客户放心购买。在传递产品价值的同时，更重要的是传递后续服务的可持续性保障，打消目标客户的后顾之忧，从而建立客户的信任感。

第六，小众市场

TO B 领域的产品服务一般是切中某一小众市场，然后把产品做强做精，以专业的能力让这一小众市场的目标客户埋单，而 TO C 的产品一开始就是面向尽可能大的目标用户群体，目的是让更多的人成为自己的用户。从这一点上说，TO B 的产品服务目标客户更加精准，业务场景是围绕目标客户这一特定的小众需求设定的。

对于 TO C 产品来说，为了发展用户，广而告之就显得尤为重要，要抢夺尽可能多的用户群体。而对于 TO B 产品来说，核心是需要精准打击，精准触达目标客户这一小众市场。一些 C 端公司盲目进军 B 端市场，却在实际业务中处处碰壁，主要是由于两者的运营模式、产品思维和业务逻辑都是大相径庭的。

第二节　模式分解：B端企业的五种主要业务模式

对于 TO C 的业务模式，我们每个人都不陌生，我们每天的“吃喝玩乐购”都是 TO C 业务的一部分，主要是针对个人，卖给普通消费者实体或者虚拟的产品和服务，这些我们都是司空见惯的。而 TO B 的产品服务一般情况下大众不太关注，一般只有从事相关领域工作的人才会比较清楚，那么 TO B 业务包含了哪些业务类型呢？

所谓 TO B 的业务模式，简而言之就是提供给企业级客户产品及服务。在长期的企业服务过程中，我们总结了 TO B 的业务主要有以下几种。

第一，平台型业务：向客户售卖平台资源

平台型业务主要是依托平台集聚的优势资源，向平台上的企业级用户提供需要的资源。这类平台型业务模式对B端用户的吸引力主要是平台所拥有的资源密度和资源价值。在大多数情况下，互联网化平台的资源主要指平台拥有的流量、用户量、数据以及影响力。

像大型的商业媒体网站就是平台型业务，他们的优势资源就是强大的内容生产能力，吸引了广泛的受众人群，从而树立了自己的媒体影响力。那么作为媒体的资源优势，他们的变现能力显而易见，因此卖广告便成为媒体最主要的业务收入来源之一。

另外像大型的B2B网站，或者垂直电商网站，以及垂直门户和本地生活类网站，甚至大型的网络社区平台都属于平台型业务。他们要么撮合企业与企业之间的交易，要么企业通过平台资源获取和传递有价值的信息，所以，很容易理解这样的B2B网站是TO B平台型业务。

那么B2C网站是不是TO B业务呢？一般来说，企业在平台上开店，把东西卖给个人，平台对企业端的运营是TO B业务。平台邀请企业入驻平台，通过各种活动和机制帮企业更好地卖货，但同时也是TO C业务。因此平台要面向个人推广平台品牌，让用户使用平台，并且用各种手段让用户买到更好的商品，提供更好的体验。

像这种提供交易撮合的平台，我们也称“平台型业务”，入驻平

台的商家运营更符合我们对 TO B 运营的定义，但是对于终端消费者又是 TO C 运营的概念和定义，像一般的 B2C 电商平台就是典型的这一类业务。同样的业务类型还有比如外卖平台的商家运营、微信小程序的企业开发者运营等。

第二，产品型业务：向客户售卖相对标准的产品

不同于平台型业务模式，产品型业务模式则是为客户提供标准化的产品，从而达到服务企业客户的目的。产品型业务与平台型业务的区别在于，提供给用户的价值是来自产品本身还是来自于平台所拥有的资源。

比如说，像阿里巴巴和天猫这样的网站，我们将它定义为平台型产品，用户每年向网站支付开店的费用，购买的是获得天猫用户资源的权利，而不仅仅是在天猫上开店的功能。而天猫商家可以通过阿里妈妈投放广告，通过阿里云购买域名、使用服务器资源，这些都是无形的产品，我们将其称为 DMP、LaaS、SaaS 等产品，企业付钱并没有购买到实际的东西，但购买到了营销推广平台、云服务器、物流系统的使用权，这就是“软件即服务”的业务模式。

另外像一些 OA、CRM 等企业管理软件，都是提供给企业的标准化软件产品，也是属于产品型业务。像通常我们见到的用友财务软件就是典型的产品类业务。

第三，服务型业务：向客户售卖定制化的服务

服务型业务从具体的服务方式上来说，又可以分为两种，一种是以产品为媒介，典型的像 SaaS 产品，SaaS 本身也是软件即服务的业务模式。

另一种是以人力为主要服务媒介，典型的像4A广告公司、咨询公司、人力外包公司、猎头公司等，企业用户花钱买到的其实是供应商公司的人力资源来为自己工作的权利。

这两种服务型业务的区别在于服务的形式，SaaS业务通过软件工具为企业提供服务，广告公司通过自己的员工为企业提供服务。而随着技术和服务的不断融合，逐渐地这两种业务形式有融合的趋势，以产品为媒介的服务形式会成为未来几年的重要发展方向。

第四，硬件业务：围绕生产供应链的客户服务模式

所谓硬件业务，就是指实体产品业务，比如说卖办公电脑、办公家具、打印机、交换机、路由器等供应链上下游的产品。

假如你是一个供应办公家具的厂家，在没有互联网之前，如何把更多的办公家具卖给有需要的企业？

我猜，你大概只有地推、参加展会找厂商等为数不多的几个线下渠道。这种企业与企业之间的商品售卖，其实就是“企业服务”最原始的概念。

而互联网的出现为这种原始的企业服务模式带来了新的变革。现在，你可以把自己生产的家具直接放在阿里巴巴网站上售卖，或者放在世界工厂网上卖，放在慧聪网卖等多种线上渠道。通过这种方式，让更多有需要的企业可以了解到你，进而对你产生兴趣，开启后续的交易。

从获客环节上来说，互联网提供了全新的营销渠道和售卖方式，也因为售卖方式的变化，对生产环节、供应企业间的协作流程都提出了新的要求。

第五，解决方案型业务：提供定制化的客户业务模式

解决方案型业务是一个比较综合的业务形态，没有严格的界限和划分，一般情况下是根据实际需求定制，制定针对性的解决方案，然后再交付和实施。

一个解决方案里面有可能只包括了软件产品，也有可能包含了硬件，也有可能是平台、产品、服务、硬件的有机组合，所以比较复杂，项目的体量金额也比较大，一般成本和造价也比较高。比如现在比较火的智慧城市的建设就是很典型的解决方案型业务。

TO B 的业务模式不局限于以上五种，目前来看这五种模式是比较普遍的，我们可以触类旁通，依此类推。

第三节 客户扫描：B端营销的三类主流客户群体

我们知道，B 端业务面向的是组织用户，包括企业、政府以及其他社会团体。相关客户角色又分为决策者、使用者及采购者，他们之间是相互独立的，不是同一个人，所以 B 端运营的场景就变得尤其复杂。

于是对于 B 端运营人员，我们就形成一张下面的图谱，见下表：

角色	企业	政府	机构
决策者	管理者	领导	领导
使用者	业务部门	基层干部	业务部门
付款者	财务部门	财务部门	财务部门

在开始营销工作之前，我们首先要对这张表进行梳理，也就是说在这张表上填空，填得越准确，对我们营销策略的制定越精准。

第一，客户类型：政府、企业、社团组织

B 端产品用户是组织，或者说即便最终的使用者是个体，但其成为使用者的原因也是承担组织中的某种特定角色。

狭义的组织是指人们为实现一定目标而进行合作的集体组织，如党和团组织、工会组织、企业组织、军事组织等，是人们在社会管理中形成的群体和团队。在现代社会生活中，组织是人们按照一定的目的、任务和形式组织起来的社会群体。组织不仅是社会的细胞和基本单位，也是社会的基础。

这些组织或追求利润、成长和扩张，或是为了维护社会的稳定和健康，承担着社会治理的责任。上述组织存在的意义在于要么追求经济利益，要么追求社会效益。在追求经济利益和社会效益的活动中，无一例外地会有各种各样的需求，会产生各种各样的产品来满足需求。

第一种：企业级客户。这是我们比较常见的 B 端客户，从客户性质来分，我们一般分为国企、央企、民企、外企等；从资本市场来看，又可分为上市企业和非上市企业；从行业来分，我们又可以分为石油、通信、酒店、房地产、汽车等不同的行业。B 端业务往往是针对某一类型的企业，满足他们某一方面的需求。由于企业性质、地域和行业的不同，需求往往也不尽相同。

从企业规模来看，我们把规模大的企业称为“大B”，这类企业一般规模比较大，预算充足，自然客单价也比较高，需求也比较复杂。这类企业一般是大型的央企、国企、上市公司、龙头企业等集团型企业，内部的组织机构与层级比较多，分工明确，业务流程复杂，每个部门每年都有相应的预算。所以这类客户一般是提供满足某一部门的需求的产品或者服务为主。

对于小企业，我们通常称为“小B”。这样的企业一般预算有限，客户单价低，需求简单。内部分工不是非常明确，有可能一个部门承担了多种职能，客户的需求往往是“老板”的个人诉求。小B的需求一般是刚需型需求，而不是优化提升型需求，所以围绕小B一定要找到他们最痛的点，也就是说不得不买的需求，对于提升性或者优化型的产品服务面向小B客户比较难推广。

比如对于小B客户来说，考勤、打卡、收银系统一类的刚需型业务相对好卖，因为企业只要开门营业，只要有员工上班，就势必要做考勤，势必要收款。像广告投放、运营推广、咨询服务、数字化转型等这一类业务就不太好卖，虽然也是对企业有价值的，但是并不是小B客户这个阶段的主要痛点和关注点。

一般来说，面向企业客户的产品或服务主要满足企业内部某一业务部门的需求，如市场部的营销平台或服务，人力资源部的办公软件或猎头服务，销售部的CRM系统等。

一般情况下，企业的采购流程相对比较短，主要合作意向一旦确定，就可以签订合作协议或者购买协议。当然不排除有一些国企或者大型企业集团有可能需要通过公开招投标来采购。

第二种：政府机构。这里所说的政府机构是泛指，包含的类型比较多，一般来说包含党政机关、各级委办局、事业单位、安全部门、科研机构等。

从横向业务来分，涵盖了党委、综治、公安、教育、安防、经济、军队等各种业务的城市主管单位。每个业务条线负责不同的城市管理和治理工作，自然他们的业务需求和工作流程也不尽相同。

从纵向管理来分，可以按照不同的行政级别进行划分，中国的政府行政级别从中央部委到省、市、县（区），每一级都设有相关的业务单位来进行纵向的管理，政府机构都是依照我们国家的行政级别划分的。

党政机关主要是指省、市、县（区）各级党委、政府及相关的直属业务处室；各级委办局是指从部委到地方的垂直业务部门，例如网信办、质监局、税务局等；事业单位是指有政府主管的事业性单位，比如学校、医院等；安全部门一般是政府或国家权威的机关，如公安部门、军队等。

政府客户具有严格的采购要求和漫长的决策过程，一般情况下采购活动要经过严格的立项评审、可行性研究、预算审批，最后进行公开招投标选择供应商。

第三种：社会团体。社会团体组织可以分为营利性和非营利性两种。如合作社、科研院所、宗教、科技、文化、艺术、慈善等社会团体。

社会团体相较而言挖掘商业价值比较困难，这是由社会团体本身的性质决定的，有些是公益或者半公益性质的，预算比较少。有些是营利性质的，但是自身商业化程度和商业化能力也偏弱，因此购买力也自然比较低。

所以，在市场我们很难看到专门针对社会团体的TO B业务和公司，这是一个相对小众的市场，一般市场体量较小，增长空间受限。

TO B的客户类型大体分为这三种，有些需要根据大的客户类型进行细分，按照不同的业务部门或者处室的需求进行深度挖掘。

第二，构建目标客户群体画像

B端客户画像，不是单一的个人画像，它应该是一个综合画像，其中包含了企业本身的特征以及企业核心角色的特征。B端用户的画像一般要从三个方面构建，这三个方面的信息包括行业信息、企业信息、关键人物信息和用户路径。

收集画像信息。首先，我们需要收集大量的信息，包括行业特点、企业特点和关键人物特征。在获取信息后，我们可以根据这些信息提炼出B端用户的画像。收集用户画像信息之前，我们不能为了收集信息而收集信息，而应该梳理出我们需要收集的信息清单及指标，制定出收集信息的框架，这样才能高效率地收集到有价值的信息，见下表：

信息维度	信息类型	指标项
行业	行业特征	行业属性
		产业链细分领域
企业	企业特征	企业规模
		所在地域
		发展阶段
		市场情况
		业务情况
		企业文化
		商业模式
		其他
角色	关键人特征（决策者）	个人特征
		职位
		职能范围
		职场处境
		决策链位置
		KPI
		核心诉求
		同类产品使用史
	关键人特征（使用者）	个人特征
		职位
		职能范围
		职场处境
		决策链位置
		KPI
		核心诉求
		同类产品使用史
	关键人特征（参谋者）	个人特征
		职位
		职能范围
		职场处境
		决策链位置
		KPI
		核心诉求
		同类产品使用史

企业信息一般我们要重点关注企业所在的行业特征及概况、企业

的规模、商业模式以及业务运作模式、营收规模等，以及目标客户已经使用或者正在关注的哪些同类产品。这些信息能帮我们快速定位目标企业，让我们的工作更有方向。

当我们收集企业信息时，我们还应该注意核心人物的信息，这些人物在不同的决策链中或多或少地起到作用。我们需要对这些人物的信息进行梳理，判断他们的决策权重，这对于我们制定运营策略是非常有必要的。

以SCRM软件为例，有助于市场部提高运营效率和绩效，起价为20万元/年。如果想要把这款软件卖给一个企业，就首先要得到该企业市场总监的认可，然后才有机会让市场总监去说服企业的CEO和董事长做决策，最后让市场部门的员工进行体验试用。

——资料来源于网络

那么这条决策链就包括了市场总监、CEO、董事长、市场部员工。确定了角色之后，要了解他们的话语权，这一点非常重要。

在这种情况下，市场总监是这个决策链中的关键人物，只要得到了市场总监的认可，成功率可以达到60%以上。他会在CEO面前推荐软件，董事长也会听取CEO或者市场总监的意见。

为什么员工的意见很重要？因为他们是软件的最终用户、使用人员，来验证软件是否真正适用。在公司决定购买软件之前，员工没有发言权，但是在续费的时候，他们的话语权最大。

了解了话语权之后，就要收集各自的特征，这有助于双方交谈时给对方留下深刻印象。主要特征包括年龄、教育背景、对新事物的接受能力。

用户决策路径。一个完整的用户路径包含了从用户接触你到最终离开你的每一个环节。如果你不知道其中有哪些环节，那么与客户或业务人员交谈并整理用户路径是很重要的。整个过程可能涉及多个角色，每个角色都有自己的关注点和场景故事。

以面向小 B 商户服务的进销存软件为例，大概售价是 6000 元 / 年。其实它的决策链是非常短的，基本上是老板说了算。如果有需求，老板会亲自去各种渠道找产品信息，从而选择适合他的产品。所以说，老板是决策链的唯一核心人物。那么老板从不认识我到离开我，会经历哪些环节呢？主要有 7 个环节，见下图（资料来源于网络）：

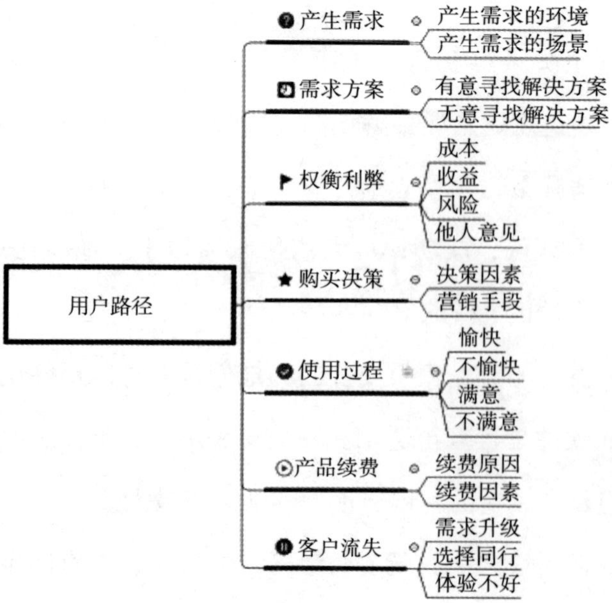

梳理出用户路径之后，这事还远远没有结束。我们要去收集每个路径之下的场景故事，这些故事能帮助我们更深刻地理解用户。

张三是一家小型装修公司的老板，在开展业务的过程中经常要给客户做一些装修效果图，但是专业的设计师太贵，对于像他这样的小装修公司请不起，成本太高，而且他面向的是对设计要求不高的客户，所以他需要一套简单易操作的装修设计软件，能够傻瓜式操作就好，对于稍微懂点设计常识的人都可以快速出具效果图，这就是产生需求的过程。

他在网上搜索，想看看有没有简单易用的装饰设计软件，结果他发现真有这样的智能化设计操作平台，几乎所有的房型和户型都有模板，而且系统内置了很多设计组件和模板，即使设计小白也能快速设计出像样的作品。这恰好符合他的需求，所以开始联系平台方，对接商务人员，这就是主动寻求解决方案发现产品的过程。

张三对接到平台的商务人员，询问：功能有哪些？什么问题可以解决？性能稳定吗？学起来容易吗？使用方便吗？公司信誉好吗？技术力量强吗？你们客户多吗？价格是多少？这就是权衡利弊的过程。

张三经过反复对比和琢磨，以及请公司的员工试用体验，觉得可以满足他们现阶段的需求，能够提高他们的工作效率，所以张三决定购买一套试试，这就是决定购买的过程。

供应商安排实施人员开通平台服务，进行了使用培训，教张三及员工正确使用平台，并且建立了答疑微信群。如果张三和他的员工有什么疑问，供应商的销售人员会立即回答他们。张三对此很满意，第二年可以续费。

后来，随着业务越来越大，张三有了很多新的要求，但是平台是提供标准化的服务，无法提供定制化的功能，所以张三关注到了另一款功能更强大、更完善的产品。这就是客户流失的过程。

以上是现场故事。可以看出每条路径的场景故事都不一样。因此，我们需要做的就是收集每个付费客户的情景故事，从这些故事中提取共性的特征，尽量使用户画像饱满丰富。

第四节　认知转变：B端与C端营销的四个差异

TO B 市场营销缘何比 TO C 要难得多？核心的原因是企业级采购与个人消费采购在行为上有很大同。TO C 消费可以脱离刚性需求，只要抓住人性的“贪嗔痴”，通过营销活动可以带来大量冲动性消费。往往广告的轰炸和限时优惠效果立竿见影，百试不爽。但是，TO B 采购则必须立足于刚性需求，企业采购几乎不会出现管理者冲动采购的情况，而是基于刚性需求的“理性决策”。TO B 采购具有决策周期长、试错成本高昂、客单价高的特点。这样的特点，注定使 TO B 市场营销与 TO C 有很大不同。

作为消费者，我们最常接触到的是各类商家的产品广告推送。同样的，在品牌营销中，有较多动作且能吸引较多流量的也正是这类面向大众消费者的TO C企业，也就是我们所说的面向顾客的企业。而TO B企业则是面向机构和组织的业务，面向客户群体的不同，决定了它们营销策略的不同。

TO C企业面向消费者，营销策略更灵活，也有更多的玩法。因此，营销人员需要剖析大众心理，精准推送有趣的内容吸引受众，并可以通过策划活动拉新促活，增加曝光率。总的来说，TO C品牌偏重“社交性”，必须和消费者建立良好的关系，促使转化成品牌的忠实客户。

但是，TO C的玩法在TO B领域未必有用。

TO B品牌营销要过三道门。在TO B市场，购买决策者是老板，使用者是管理人员和员工，付款还需要经过财务部门，也就是说至少要过三道门：

第一道门：找老板说清楚产品价值，获得老板认可；

第二道门：找员工说清楚怎么使用，让员工觉得易用、实用；

第三道门：推动经办人找财务，走付款流程。

这三道门槛分别涉及不同的人，所以B端营销和C端营销的重点和导向显而易见。C端营销从用户角度讲，购买决策的过程会相对更加自由和自主，看到了、感兴趣、喜欢了就有可能购买，哪怕只是冲动之下的购买。整个购买过程无须其他人员参与，自己决策，过程一般都比较短。

从B端客户的角度看，购买是企业采购行为，在采购过程中关注的点就不再是新鲜和好玩了，企业更为关心的是产品是否能有好的效果，收益是否达到预期，有的时候还会与企业预算与成本挂钩，因此整体的决策过程就必须谨慎。这就导致了B端营销和C端营销方式的差异性，也造成了B端营销和C端营销截然不同的品牌推广调性和话语体系。

第一，TO C“说人话”，TO B“懂术语”

B端营销和C端营销的重点和导向有很大不同，对于TO C产品，埋单者、使用者、受益者都是一个人，价值穿透是一气呵成的，往往产品是属于个人用品，解决个人用户的痛点或者痒点的问题，所以我们常常讲做营销要洞察用户的心理，抓住人性的弱点，然后利用人性的弱点。因此我们在TO C产品营销的过程中往往要设计直击用户痛点的活动，不管是我们的广告语还是画面，一定要接地气，善用用户的语言去跟他们沟通和对话，而不是冷冰冰地告知。所以说TO C营销要“说人话”，这样才会有代入感，才会与用户产生情感或者心理共鸣，从而促进转化。

而TO B的市场是往往是非常专业的领域，并不是依靠讨巧卖乖能够解决的问题，所以在营销过程中，一定得有专业的样子，处处体现专业素养。所以在营销推广的时候就必须遵循严谨和专业的调性，不管是推广软文还是产品介绍，一定得体现出专业水准，切中客户的业务场景，与客户形成同频交流，因此不得不懂专业领域的业务术语，而不是以门外汉的视角去阐述介绍自家的产品和服务，否则只会让客户产生不信任感。这也是我们经常说的一个称职的TO B市场营销人一定是这个领域的“半个专家”，能够以专业的视角理解产品和服务，然后再转换成市场的语言推广给我们的目标客户。

第二，TO C是“大众情人”，TO B是“红颜知己”

对于TO C营销我们要拼尽全力让更多的人看到我们的产品，覆盖到更大的范围，获取更多的流量，最大限度地争取曝光，触达和影响更多的用户，从而提升品牌知名度和影响力，培养用户信任感和口碑，达到占领用户心智的目的。

所以，TO C营销我们要打造品牌人见人爱的人设，收获海量的粉丝，有迷倒众生的感觉。从这点意义上说，做得成功的TO C品牌都是用户的“大众情人”，这是TO C品牌需要努力达到的目标。因此，这也就不难理解为了培养用户的好感，很多品牌都会找品牌代言人。

而对于TO B的品牌，并不需要广而告之地大面积宣传自己，我们的目的是精准触达目标客户。不是让每个人都说我们的产品好，而是要满足目标客户的需求，然后做到极致，做到“最懂客户”。从这点来说，TO B营销要做的是客户的“红颜知己”。所以，要做好TO B的营销，既要深度理解自己的产品，更要清楚客户的业务需求，做到“心有灵犀一点通”，当目标客户看到你家的营销，有种相见恨晚的感觉。

试想，你给一个政府官员整天宣传市场营销软件他会感兴趣吗？有可能他闻所未闻，甚至一辈子也不会接触到，所以也并不关心。

第三，TO C 要“冲动”，TO B 要“理性”

TO C 产品的价值是很容易体现的，打折和免费很容易让消费者认可，所以电商的双十一、团购的打折、打车的补贴都很火，很容易形成口碑传播。甚至用户因为一句走心的文案，一组精美的海报，或者一则创意爆棚的短视频，都有可能立即“剁手”，这是人性的弱点，用户愿意为自己的冲动埋单。

而 TO B 的产品往往是通过企业部署、实施、使用才能产生价值。例如针对企业的网络营销解决方案，企业需要配置专门的网络营销人员，负责商机的获取和转化，才会产生价值，一次点击几十元、几百元，看起来很贵，但通过企业的运营可能会转化为几万元甚至几十万元的订单，所以企业还是愿意购买。

再比如，ERP 给企业带来的流程和效率的变革，虽然购买价格昂贵，但一旦实施成功，能给企业带来库存、生产等方面的提升，这与企业的经营规模是成正比的，可能会产生几千万甚至几亿元的价值。与这些价值相比，软件费用是物有所值的。

因此，TO C 的消费往往是冲动的。作为市场人员，我们一直在乐此不疲地创造用户冲动消费的理由，而对于 TO B 客户来说，这一招似乎并不管用，因为客户非常理性，所以我们要变老实一些，别忽悠客户，因为所有的“说学逗唱”都会失效。

第四，TO C 凭“感觉”，TO B 拼“价值”

做 TO C 的营销，我们往往需要不断地制造各种话题，千方百计拉近与用户的距离，营造与用户亲密无间的感觉，让用户不知不觉地进入某种“消费磁场”，然后凭着感觉完成购买。例如我们经常看到的女王节、购物节、××盛宴等，都是为了营造感觉，调动起用户潜藏的“消费因子”。

而对于TO B的营销，这一手段和方法显然会失效。客户不会在某种感觉的冲动之下购买几千、几万元，甚至几十万、上百万元的产品和服务，他们最后成交的考量标准往往是产品或者服务带来的价值。所以，坚持客户价值，并将价值做到极致，不断放大价值才是正道。我们看到华为公司“以客户为中心”的理念就是体现带给客户的价值。

所以，对于TO B产品，免费还是收费并不重要，关键看能给企业带来什么价值。

第五节 目标一致：B端市场与销售的微妙关系

但凡一个公司同时有市场部和销售部，两个部门之间相爱相杀的故事就一定少不了。

传统意义上的B端企业的销售团队，特别是KA销售极具话语权，因为他们自带资源，手上掌握了大量的客户关系，能给公司带来源源不断的收入，甚至能主导或者影响产品功能上线的优先级。

而市场部承担了公司产品业务宣传的重要责任。在TO B行业，高频率的线下活动也几乎成了标配。当企业处于产品商业化、追求营收快速增长的阶段，获取更多商机并助力销售签单，成为市场部门的核心任务。

在市场部，要构建一个“市场推广—商机创建—分配销售—跟进签约”的闭环，从而实现适合不同岗位的绩效考核体系，以快速驱动市场部团队高效获客为目标。必须本着这个目的去构建新的市场团队，在内部和部门团队间达成共识。只有这样才有利于凝聚团队力量和方向，形成共同的价值观。

从市场部的目标分工上来说，可以分为线上获客、线下获客、商机转化三部分。线上获客顾名思义，主要负责线上渠道获客，包含官网、SEO/SEM、信息流、内容营销、知识营销、自媒体矩阵、其他线上展示广告等等。

市场通过线上推广，帮助企业获客，引导有需求的客户主动留资。因而，通过市场宣传带来的潜客也成了销售线索的重要来源。

线下推广主要负责线下参展、自办会议、媒体关系、舆情公关、webinar、资源置换等。商机转化主要是商机的接待、咨询和管理，转化市场团队认可的线索（MQL）成为销售团队认可的线索（SQL），对商机质量形成ABCD评级，制定分配制度，分配给销售团队，并跟进各销售的商机跟进和转化效果，从而观察市场商机转化签约情况，统计出ROI。当然，还有一个是负责日常宣传物料的支撑。

B2B品牌营销是市场、运营、销售三者一体化的过程。

在工作中发现很多人对市场、销售的概念是模糊的，包括很多这些职业的从业者，对它们也有不同的理解，从而导致和体现出有些企业因为这种不清晰影响到相应的组织定位和业务开拓。

我们经常会听到市场和销售相互责备的事情，销售认为市场的推广活动没有效果，市场认为销售拓客、跟单不给力，浪费了市场推广的成果。或者，销售认为市场引来的线索数量不够、质量不高，市场认为销售存在线索浪费、不及时跟进的情况……会出现这样的现象，自然是因为每个部门确实都有自己做得还不够好的地方，但核心原因是大家都依然站在各自的角度看问题。

如何让不同的部门目标一致？从大的方面来说，是看公司的使命、愿景、价值观是否清晰，看它是否真正贯彻到每个人。从具体的执行来说，要看每个团队的方向是否统一。再落地点，从市场和销售两个部门来说，最终目标应该是同一个，都是为了能吸引匹配公司产品业务的潜在客户，并通过销售团队的商务行动，最终把我们的产品或者服务以合适的价格售卖给客户。

从 TO B 品牌营销的趋势和内部分工与协作来看，不仅仅是市场与销售一体，而且是市场、运营、销售三者一体化。因此，我们有必要弄清楚市场与销售之间的区别与联系。

第一，做市场是为了让销售更好做

按理说产品只要卖出去就行了，至于分不分市场与销售并无多大关系，但事实上是，现代商业竞争越来越激烈，社会分工越来越精细，没有一个人具备那么多的技能，所以就有了市场和销售的分工和协作。本质上，市场是为了让销售更好做，提高销售的转化率。

举个不太恰当的例子，市场就像修路队在前面开路，销售就像司机驾着车往前跑，只有路修好了，车才会顺利前进。有人会说，我不需要先修路，我们直接用车子碾出一条道来。这样也行，只不过效率和代价要高很多。

市场一方面是给销售打先锋，让整个行业、客户对自家的产品有一个全面的感官性的认识和了解，先在客户心中“占位”，这样销售再继续跟进，开展商务工作会达到事半功倍的效果。

另一方面，某些产品通过市场推广，可以获取到精准的销售线索，只需要分配到销售部门继续跟进，促成最后的签单。市场推广活动大大缩短了成交的过程，也提升了成交效率。假如没有市场推广，从获客、产品介绍、商务谈判、签单等一系列工作下来都由销售人员搞定的话，是一个非常漫长的过程。更何况，传统的陌生拜访、电话推销等获客很难形成规模，效果也越来越不理想。

第二，销售是对市场策略的单点转化

市场一般要通过广告、媒体公关、举办活动等来推广，一是为了树立品牌影响力，打造一个强势的“品牌”，在行业里占据一席之地。二是为了通过市场推广行为获取客户的需求，吸引客户咨询，形成有效的销售线索。三是将公司的产品价值推广给目标客户，让潜在目标客户对产品有一定的了解和认识。

通过市场强有力的推广，势必会收集积累一批客户的需求，以及持续形成有效的销售线索。这些市场所获得的前期成果需要销售部门来进行后续的转化，无论是对客户需求的解答和制定有效的方案，还是对销售线索的继续攻克，都需要进一步转化。

第三，市场是化零为整，销售是化整为零

市场一般面向的是整个行业，面向的是一类客户，用相对标准的内容和方式进行产品的宣传与推广，是一个整体性的行为，往往聚焦的最具有共性的东西，是属于“化零为整”的过程。

一方面，市场的整体性表现在企业全面地组织市场营销活动，针对客户的多方面需要，综合运用各种营销手段，包括合理地设计产品和制定产品价格、正确地选择分销方式和促销方式、做好产品的市场调研和售后的服务等，使企业的市场营销构成一个有机的整体。

另一方面，市场的整体性还表现在树立战略观念，在市场营销活动中根据市场形势和外部环境的变化，高瞻远瞩，审时度势，立足于现实，放眼于未来的全局利益和长远目标，通过研究和制订市场营销战略，提高企业随机应变、驾驭未来的能力。

再者，营销活动必须是在追求共同利益的基础上去实现其目标。因此，不但要重视供应链上关联企业的市场营销，也要对竞争对手展开市场营销研究。通过加强与竞争者之间的了解和沟通，力求能够影响竞争者的行为方式，使竞争态势朝有利的方面发展，避免恶性竞争，共同构建有序的市场竞争环境。

而销售一般面向的是单个的“客户”，进行一对一的沟通和交流，满足不同客户的个性化诉求，是“化整为零”的过程。

销售首要解决的是洞察某一个客户的具体需要，然后转化成产品或者服务的能力。这种能力是针对某一特定的客户而产生的，势必会有一千个读者心中有一千个哈姆雷特的局面。

第四，市场是战略布局，销售是战术执行

销售是一种战术思考，以销售力为中心，注重销售的技巧与方法，关心的是现有商品的销售和销售目标的实现。市场营销是一种战

略思考，以创造力为中心，注重建立能持续销售的系统，关心的是客户的需求满足和企业的永续经营。

市场营销是一个系统，而销售只是营销的一部分。市场营销包括市场调研、市场推广、品牌策划、销售、客户服务等等。

销售主要是企业以固有产品或服务来吸引、寻找客户，这是一种由内向外的思维方式。市场营销则是以客户需求为导向，并把如何有效创造客户作为首要任务，这是一种由外而内的思维方式。

销售是把产品卖好，是销售已有的产品、把现有的产品卖好。市场营销是让产品好卖，是产品的行销策划、推广，营销的目的是让销售更简单甚至不必要，让产品更好卖。

第六节　方向锚定：B端品牌营销的四个主要方向

企业营销圈有一个共识，TO B 企业的市场推广与销售运营，相比 TO C 企业而言，挑战要大得多。在中国 TO B 产业风口渐起渐强的背景下，TO B 市场营销如何破局，成为业界管理者共同面临的难题。

TO B 市场难做，不言而喻。面对 C 端的灵活多变，品牌能变着法儿地吸引用户眼球，甚至直接创造需求，进而通过流量实现成交，这些都是做 TO B 的市场同行们羡慕不来的。

对于很多 TO B 企业，除了自身商业模式、产品技术的打磨外，最为关键的，可能就是市场了。但企业级市场如何才能寻求突破，稳定获取用户，实现交易呢？

第一，塑造自己对于客户的核心价值

和TO C的产品不同，C端产品可以基于需求先出一个相对简单的产品版本，然后进行快速迭代。对于TO B市场来讲，与客户建立信任需要付出更多的成本，所以前期筹备工作就尤为重要，这就要塑造自己对于客户的核心价值。

在塑造核心价值的过程中，对于用户的反馈收集十分关键，这就考验了做市场的功力和对节奏的把控。一方面要保证有持续的用户来源，不断积累数据和反馈；另一方面，还要让用户流量保持一个相对"合理"的范围，不能市场打出去了，大批用户来了发现产品体验很差，失望而归，想要再获得他们的青睐会更难。

面对难做的B端市场，除了传统的用销售、BD手段一对一拓展客户外，更强调用市场行为影响客户。但这个市场行为和做C端看似套路相近，但其中的关键点差别很大。

TO B市场也要抓准细分用户，切中痛点。TO B市场面对的用户细分更深，因为市场活动要打动的不只是直接用户，更是一级一级不同的决策人。市场活动面对的细分用户深入企业每一个决策环节。

对于某一次成交，提出者可能是行政，决定的是老板，使用者是管理人员和员工，最终付款还需要经过财务部门。任何一环出了问题都会导致交易失败。对于一个产品来讲，企业就是用户，但对于市场来说，行政、老板、员工都是需要攻克的目标用户。因此，找准细分用户，就是找到了市场行为的起点，找准了起点，才能采取相应的市场行为去影响目标对象。

另外，TO B市场要注重合作伙伴的价值。TO B的产品一方面是

直接卖给最终客户，另一方面是联合相关的合作伙伴进行联合营销。因为这类合作伙伴往往具有你想要的优质资源和渠道，如何触动他们的利益关注点，也是TO B市场营销需要着力考虑的地方。

第二，抢占目标客户的“第二大脑”

随着互联网、移动互联网以及物联网发展的广度越广，应用深度越深，我们已经身处互联网这股浪潮之中。这个时候无论是信息的广度还是时效性都达到了前所未有的程度，人们开始学会“搜”这个动作并把它应用得很好，并且由此诞生了众多知名搜索平台，如谷歌、百度等。也有很多掌握大量商业数据的公司利用大数据技术结合人们“搜的记录”催生了一个互联网领域的热词“智能推荐”。在信息获取面前，人们从未这么主动过，也从未这么便利过。

互联网已经成为我们的“第二大脑”，帮助我们存储各类信息，查询和验证各类信息，成为我们“决策”不可或缺的渠道和工具。因此，如何抢占目标客户的“第二大脑”显得尤为重要。我们称它为“占位”。

举个例子，假如你所在的公司要采购一套舆情系统，领导让你先来做一下调研，选择几个厂家的产品，然后从其中选择一家合作。这时候你大多数情况下会去用“第二大脑”，上网搜索相关的产品和厂家。假如我们的产品推广信息恰好被你看到，就极有可能被你列为备选厂家。

正是意识到这一点，现在很多TO B的公司都已经建立了完善的网络推广渠道，这其中包含了很多的内容，包括SEO、SEM、内容营销、知识营销等，都收到了不错的效果。

因此，专业的、体系化的市场营销已经成为TO B行业不可或缺的工作，TO B行业也早已不是销售“一张嘴＋一双腿”的时代，越早建立完善的品牌营销体系的TO B公司，越能在日益竞争激烈的市场环境中打开局面，保持持续增长。

第三，不同运营阶段，精准匹配相应策略

TO B品牌营销的不同阶段，跟公司发展的阶段需要相匹配。

市场瞬息万变，每一个阶段面临的挑战都各不相同，我们需要清晰地认知到目前企业和产品所处的阶段和地位，只有清晰认知到这点，才知道市场部的重点发力点在哪里。初创公司，前期更多需要专注在把产品传播好，企业品牌则是背书。

成熟公司，品牌输出价值观和企业文化、产品输出功能价值，相辅相成。在B2B创新公司层出不穷的当下，赛道越来越热，过去很多B2B营销方法论都在过时，甚至被颠覆、被挑战。

初创期：是公司从0到1的阶段，真正商业化的产品还没有发布。在这个阶段，最重要的事情是去收集客户对于整个市场的需求反馈，然后帮助产品和技术的优化和完善，研发出更符合市场需求的产品。

发展期：这是从1到100的过程，这个时候商业化产品已经出来了，需要逐步投向市场，这个阶段最重要的就是通过市场化的手段促进销售，找到种子客户和标杆客户，为以后的扩张做准备。在这个阶段，市场部最重要的工作就是辅助和支持销售，促进销售的成功转化。

扩张期：这时期商业化产品相对来说已经比较完善，也有了种子客户，建立了相对完善的服务团队，这时候就可以做规模化的扩张了。一般来说，TO B的服务属性比较重，所以售前、客服、市场、销售是一个团体作战的过程，需要亲密配合。在扩张期，开始大量地积累用户和业务扩张，需要做很多品牌曝光以及流量引入的工作。

成熟期：这是产品爆发的阶段，是从 10000 到 10 万 + 的过程。这个时候，最重要的是品牌影响 + 销售转化。

所以在初期，在产品不够完善的时候就放大量的客户进来，可能反而会因为不够成熟，而伤害了很多客户的体验。如果客户在你这里初期的体验不好，你下一次等到产品完善的时候想让他再试用就很难了。

第四，C 端包围 B 端策略

打动 B，你得更懂 C。有些人不明白为什么公司业务是 TO B 的，却会做一些对 C 的内容呢？为什么一些面向对 C 端服务的内容，可以成为 B 端企业的选题呢？其实很简单，因为你需要站在客户的角度思考和量身定制内容。

只有你和客户同频度思考，才能真正了解对方的焦虑和关注。只有你比客户更懂他的客户，才能引领对方的思维。

对 B 端的产品方案，有多少不是帮助客户开源节流的工具呢？如果不能帮助对方更好地服务客户、强大自身，你的产品方案本身就是个错误吧？ B2B 企业面对的市场环境正在变化。

首先，购买企业决策者的环境正在变化。每一个购买决策者都是有血有肉的人，他们以及他们的家人和朋友也会关注和使用社交媒体。

其次，传播方式的变化，口碑营销和意见领袖，在传播中正越来越重要。

最后，对于那些最终埋单的 C 端客户，你不仅得懂，还得持续研究、改善自己的产品，用这种 TO C 的能力打动你的 B 端客户们。

GE作为一个典型的TO B类企业，有着自己独特的营销方法——C端消费者包围B端客户。过去，会买GE发动机的客户就是那些航空公司，直接拜访就可以，但是现在有更多的领域都会用到GE的发动机。因此，作为B2B企业的GE也要做情感营销，讲品牌的故事，用触达普通消费者的方式去触达更多目标人群。

对B2C的品牌来说，一款基本产品，只要有配方和生产线，就能够大规模地生产，消费者与产品的生产不会产生很大的关联。但GE就不一样，GE的工程师、销售、服务人员和客户是紧密绑定在一起的，甚至会和客户一起工作一段时间。再加上对于GE这种高精尖企业，信任度非常重要，所以员工本身也是品牌很重要的一部分，在传递企业品牌信息中起了重要作用。

GE在它的广告营销历史上有两次大的Campaign，一个是1979年至2003年的“We Bring Good Things to Life”，另一个是2003年沿用至今的“Imagination at Work”。

因此，在B2B公司里，员工所代表的企业形象和传递的精神需要和企业品牌性格一致。所以，在GE广告营销案例中，很大一部分是围绕员工来做的。

——资料来源于网络

这样做所产生的效果非常明显：就好像你当年买电脑的时候，看到有intel标识的电脑更放心一样（即便你根本不知道intel到底牛逼在什么地方），因为大众消费者的认同，从而刺激到B端客户。

第二章 重新定义B端营销增长

TO B 品牌的营销的要点用一句通俗的话讲就是：“把思想装进客户的脑袋，把钱从客户的口袋里掏出来。”这本就是世界上比较难的两件事，而 TO B 品牌营销偏偏要同时完成这两件事，可谓难上加难！

第一节 要素拆解：B端企业品牌力的七要素

企业经营的终极目标是建立经久不衰的品牌，对于 B 端企业来说，产品和服务可以迭代升级，企业业务可以转型，甚至任何产品都会经历从建立到衰退，直至退出市场的生命周期，但是品牌却会永存。

品牌的本质是占领用户的心智，这是品牌界毋庸置疑的结论。从某种意义上说企业经营的核心成果是品牌，品牌建设的最高境界是建立品牌认同，在目标客户心目中竖起一面旗帜。品牌认同核心的价值是取得目标客户的信赖，并产生持久的品牌张力，影响到市场活动行为。

因此，品牌建设是一个系统且长期的工作，不是一朝一夕能够完成的，是一个企业战略的不可分割的一部分。如果一家企业不注重品牌的建设，即使做到100年，充其量也不过是一个小作坊。

所有的公司都会以产品和服务为主营业务，最基本的企业运营的方式是：产出来，卖出去。而TO B类公司大部分时候是要倒过来的，要先卖出去，再产出来。很典型的IT公司或者解决方案的公司都是属于先将“想法”卖出去，然后再进行生产或者服务。

所以，客户能不能选择你就显得尤为重要。选择权重很大一部分依赖于对品牌的好感和信任感。这里的“品牌”是一个大品牌概念，包括公司的品牌理念、品牌形象、品牌价值、口碑、业务水平、服务能力、运营能力等各个方面。

那么，一家注重品牌建设的TO B公司应该从哪些方面去系统地打造强势品牌？

第一，明确的品牌战略

B端企业做品牌，要在服务客户的过程中建立大品牌的战略，而不是狭义的品牌概念。何为大品牌战略？也就是说B端企业做品牌不能为了做品牌而做品牌，而要将企业内外部资源、关系整合起来，深度参与到企业的实际经营业务中来，以企业的增长目标和实现永续经营为导向。

所谓大品牌战略，是将品牌提升到企业发展战略层面的理念。即从企业战略层面规划品牌，以全局思维建设品牌，用整合方式来传播品牌，让全员来参与打造品牌，用专业人才来管理品牌，让营销增长来验证品牌。

大品牌战略，更简单直白的理解就是：品牌是企业一切外在形象与精神的集合。再通俗一点，公司当下所有的人、事、物，包括老板，都是品牌素材，并且都需要被管理。

一家有远见的企业，应该在企业创立之初就把品牌建设当作最重要的一项工作来抓，而不是认为是可有可无的东西。品牌就像一锅老汤，只有细火慢炖，汤头才会浓郁，才会越炖越有味道。但事实上，许多企业往往是临时抱佛脚，等赚了点钱或者遇到增长瓶颈以后，才开始考虑品牌的事，而且往往急功近利，想今天做明天就要见效，这种做法是不可取的。

注重品牌建设的公司一开始就制定了明确的品牌战略，而且这个战略与企业的战略是一致的，是一个完整的系统，存在于企业的整个发展过程中，随着企业的成长一道成长壮大。

第二，核心的品牌定位

不论是TO C市场还是TO B市场，都要有自己核心的品牌定位，做品牌定位的目的是在竞争激烈的市场中进行差异化发展，形成竞争区隔。

那么为什么必须有核心的品牌定位呢？主要原因是因为市场竞争日益激烈，同一种业务大家都在做，你能做他也能做，你怎么说他也怎么说，本来很好的一个业务方向，很好的一个商业模式，最终也会被人玩坏。核心的品牌定位正是在庞杂的市场中找到属于自己的一片天地，或者找到属于自己的“夹缝”，那就是品牌光照进来的地方。

再者，TO B 的市场是一个非常专业的市场，也是一个非常细分的市场，没有哪一家公司什么都能做，什么都做得好，必须有所为而有所不为，找到最适合自己的发力点，就像一把尖刀一样扎向市场的心脏。

一个好的品牌定位一定是锋利的、尖锐的，而不是模棱两可或者稀疏平常的。品牌定位越尖锐，刺向市场的时候就会越有杀伤力。所以，做品牌定位就得抽丝剥茧，反复提炼，最终练成自己的“六脉神剑”。

一般品牌定位都会先聚焦企业最核心的业务或者产品发力，集中优势兵力，单点突破。我们所熟知的“没有中间商赚差价”就是一个很好的定位，也是一个非常有力的定位，正是切中了“直卖”这一最核心的业务模式，集中优势资源，无限制地放大，也收到了很好的市场反馈。

第三，鲜明的品牌识别

在 IT 行业做久了的人，有时候即使素不相识，从未谋面，第一次见面也能猜出是哪家公司的人员，因为他们身上有某种特质，我们把它称为品牌印记或者品牌符号。

比如华为的销售人员和 IBM 的销售人员，不管他们出现在哪里，你一眼就能认出他们是属于哪家公司，因为不管是从他们的着装还是行为规范，已经形成了他们特有的品牌符号，具有非常鲜明的辨识度，所以在接触客户的时候，给客户一般会留下良好的印象。

品牌识别是品牌战略的重心，品牌识别基于企业建立的品牌形象，品牌形象由表及里包括视觉识别、行为识别、理念识别三方面，规范了品牌的外表、行为和思想。

品牌识别是品牌营销者希望创造和保持的，能引起客户对品牌美好印象的联想物，这些联想物暗示着企业对客户的某种承诺。品牌识别将指导品牌创建及传播的整个过程，因此必须具有一定深度和广度。

品牌识别是指从产品、企业、人、符号等层面定义出能打动客户并区别于竞争者的品牌联想，与品牌核心价值共同构成丰满的品牌联想。品牌识别也可以称为品牌主期待着留在客户心智中的联想。一个强势品牌必然有丰满、鲜明的品牌识别。科学完整的规划品牌识别体系后，品牌核心价值就能有效落地，并与日常的营销传播活动有效对接，企业的营销传播活动就有了标准与方向。

专栏：品牌识别 6 问

- 品牌的价值是什么？
- 品牌的个性是什么？
- 品牌的长期目标和最终目标是什么？
- 品牌的一贯性如何？
- 品牌的基本实际情况如何？
- 品牌的辨识符号是什么？

第四，良好的品牌形象

TO B 企业主需要怎么做，才能给客户带来足够的信任度与可靠性呢？首先最应该考虑的是，建立可信任的品牌形象，输出符合品牌正向的价值观。

TO B 的企业依然需要塑造良好的品牌形象。基于品牌识别，企业会从多方面打造一系列的品牌形象，以形象为核心进行营销传播，使品牌形象深入人心。

企业形象建设和发展作为一个整体，主要由三部分构成：一是企业理念识别 MI，二是企业行为识别 BI，三是企业视觉识别 VI。MI 是抽象思考的精神理念，难以具体显现其中内涵，表达其精神特质；BI 是行为活动的动态形式；VI 用视觉形象来进行个性识别。

企业的品牌形象一般来说一方面是由有形的内容构成，一方面是由无形的内容构成，或者说品牌形象由“形”与“神”构成。只有达到形神兼具，形神合一的品牌形象才是完美的。

品牌形象的有形内容又称为“品牌的功能性”，即与品牌产品或服务相联系的特征。从客户角度讲，“品牌的功能性”就是品牌产品或服务能满足其功能性需求的能力。品牌形象的无形内容主要指品牌的独特魅力，是营销者赋予品牌的，并为客户感知、接受的个性特征。比如严谨、专业、科技范、国际化、高精尖、黑科技等都是 B 端企业品牌可感知的个性特征。

品牌的有形要素包括产品本身的形象、员工形象、办公环境、业绩数据、社会形象等。举个简单的例子，在 CBD 办公的公司很明显比在民房中办公的公司感觉“高大上”，这就是品牌的有形要素的体现。

第五，优秀的品牌内容

内容营销不仅能够促进销售获客，且有利于塑造品牌形象。优秀的品牌内容不仅能够促进销售，而且有利于塑造品牌形象。

TO B 营销者运用内容带动需求，引领潮流。IBM 正是凭借在“智慧星球”内容和管理层报告方面做的大量努力来进行内容营销的。一部分品牌正在拓展思路，考虑如何运用内容提升品牌和商业活动价值。

为什么作为 TO B 品牌依然要重视品牌内容体系的搭建？很简单，因为内容才是客户了理解品牌的唯一渠道，也是客户与品牌进行互动沟通的唯一渠道。尤其在互联网时代，品牌内容无处不在，如何搭建优秀的品牌内容，是 TO B 市场人的必修课。TO B 企业所传递的信息要可持续，不断生成好的内容、好的故事，对营销保持一个长期的投入，去加强企业的品牌和声誉。

从某种意义上讲，TO B 的品牌内容不是为产品或者销售服务，而是产品或者服务不可分割的一部分。或者换句话说，搭建优秀的品牌内容要像研发产品一样来做。对于 TO B 的客户来说，除了需要看得见摸得着的产品以外，与产品和服务相关的专业内容本身也是他们的核心需求所在。因此优秀的品牌内容不仅仅是指用于品牌宣传的“广告”，而是与产品和服务强关联的优质内容，我把他称为 TO B 的品牌“大内容”。

另外，在 TO B 行业，专业内容有着支撑专业决策的作用。

品牌内容重要的原因是由 TO B 采购以及企业管理者需求特点决定的。从 TO B 服务商的客户角度而言，要带领企业不断创新发展，有两个方面是管理者的共性需求：一是不断系统性地了解和学习最新、最前沿尤其是新技术驱动的商业知识，让自己的见识和方法论能始终处于市场竞争的前列；二是适时选择合作伙伴，帮助自己实现创新发展，世界上已经没有关起门来能发展的企业。

为了避免选择合作伙伴决策失误，企业管理者的决策过程实质上是系统性学习和掌握专业知识的过程，专业决策需要专业知识内容的支撑。在专业知识支撑的基础上，选择匹配自己企业需求的产品与服务供应商。因此，好的内容和持续的内容营销能够帮助 TO B 企业实现营销破局。

TO B 品牌大内容体系的搭建，一方面要从市场推广和宣传的角度出发，让产品服务能够积极曝光，精准触达目标客户；另一方面是为目标客户输出专业的优质内容，用专业性来打动目标客户，赢得客户的尊重和认可。比如像麦肯锡、毕马威、尼尔森等公司经常发布的专业性报告，就是非常好的品牌内容。

第六，有效的资源配置

对于很多企业，尤其是中小企业而言，公司自身产品线和品牌较为单一，客户群体相对简单易于管理。在这种情况下，仅设立市场部就能够满足品牌、市场、公关等需求。当公司业务逐渐发展壮大，成为集团公司，或者多品牌，产品线复杂起来，或逐渐演变为共用一个品牌的事业部单元品牌架构之后，往往会需要成立一个集团层面的部门，以服务企业品牌为核心，进行资源整合、品牌业务提升和强化，这个部门就称为品牌中心。

那么，TO B 企业该如何有效配置资源来开展品牌营销工作呢？

从人力资源来说，对于绝大多数公司的市场部而言，一般是由策略、内容、设计、媒介组成的标配来开展品牌的核心工作，其余边缘工作可以进行外包或者由代理公司来完成。

在资金预算方面，对于 TO B 企业来说，要将预算向增长方面倾斜。或者换句话说，为了使有限的预算最大限度地产生效益，首要任务是将你的预算投放到获客上面，获取源源不断的销售线索，其次才是品牌曝光。

公司应该集结优势资源，目标一致，构建服务能力 / 产品力和品牌力为核心的机制，形成合力，实现和创造销售力。

第七，精准的品牌传播

品牌的价值只有传递给消费者，才能产生价值的转换，TO B 的品牌传播不需要像 TO C 的品牌传播一样，进行广撒网的传播模式，而是需要更精准的传播模式。

如果拿捕鱼来比喻 TO B 品牌传播的话，并不是要去撒网捕捞，更像是“定点垂钓”。

总而言之，对于 TO B 的品牌传播来说，我们的目标客户在哪里，我们就需要往哪里传播，从而达到精准触达，有的放矢。为什么 TO B 的品牌传播没必要像 TO C 一样竭尽全力让每一个人都能看到，是因为对于大众来说，专业领域的内容他们并不关心，所以 TO B 的传播我们只需要抓住你需要的那一拨“客户”，定向地向他们传递你的品牌价值即可。

当然了，TO B 领域的传播依然要选择好媒体渠道，总体来说依然遵循线上线下结合的方式。从选择渠道的优先级来说，我们首先要锁定专业性媒体渠道，因为一个领域总有一个专业性的媒体，你的目标客户也许就经常在那里出没。

第二节　思维提升：B端品牌战略的五种思维

要做好 TO B 的品牌营销，首先要做好品牌的顶层设计，即品牌战略。

TO B 品牌战略规划和梳理是一个系统性的综合工程，要从多维度、全方位综合考量，才能得出一个相对明晰的方向，找到“光照进来的那条裂缝”。那么在做 TO B 品牌梳理的时候应该从哪些方面思考与入手呢？

第一，全局性思维

由于 TO B 行业的高度专业性属性，决定了 TO B 行业是一个专业分工非常精细的行当，所以在做 TO B 品牌战略规划的时候务必要从产业全局的角度进行通盘考虑，找准一个切入点。一般来说切入点扎得越深，颗粒度越细，品牌的战略规划才会越清晰，越能指导到业务的开展和后续的品牌推广。

另外，B 端企业要从产业链上下游的视角来审视和定位品牌。为什么要从产业链的全局角度来思考呢？因为每一个产业，不管是从其上下游还是细分领域，关键环节都有很多公司在从事，聚集了一大批产品，那么在做品牌战略规划的时候就不能笼统地说是做哪个行业，而是要从大产业里找到属于自己的链条和“环节”，从而在自己的环节上做强、做深。

就拿新能源汽车这个产业来说，我们往往熟知的是新能源汽车的大品牌，它们往往都是做整车制造的，但是在新能源汽车这个产业里可不仅仅是主机厂商，有更多的零配件厂商和后市场厂商，比如专注于新能源电池的宁德时代就取得了很大的成功，这就是找准了自身的定位和战略方向，从而异军突起。

第二，前瞻性思维

从某种意义上说，TO B企业正确的营销方式应该是品牌战略先行，然后产品跟进，而大多数情况下往往相反。梳理品牌战略的过程其实是对市场和客户再摸底的过程，只有摸清楚了行业环境，内部和外部的资源，以及各部分之间的关联关系，才能知道想要做的产品在未来有没有需求，能不能在市场上占有一席之地。

所以对于B端企业，我们在做品牌战略的时候，前瞻性是一个不可忽略的因素，一定要符合未来可以预见的趋势。一是要符合国家的发展政策。在中国，政策的导向决定着一个产业的生死存亡，所以想要做一个长远的品牌，一定要吃透产业政策，有所为而有所不为，符合国家的产业发展规划以及国家对产业的要求。二是要符合技术的发展潮流。技术的进步是日新月异的，所以要对未来的技术发展趋势有预判，不能因循守旧或者抱残守缺，新旧交替是必然选择，所以不能拿着老掉牙的技术去讲未来的故事。三是要符合行业的发展趋势。随着技术的革新，客户对行业的认识逐渐加深，行业对产品的需求也在不断地变化，这就需要我们在做品牌规划的时候也要对行业的变化有预判。就拿软件行业来说，之前很长一段时间客户都喜欢自己找人开发搭建一套平台或者系统，而现在更喜欢 SaaS 服务的模式。

第三，唯一性思维

想要成为行业标杆，就要打造唯一性。

B 端企业品牌规划绝不能从“红海”中开启，必须先从“蓝海”入手，并且趁行业未成“红海”之前，想尽各种办法，将自己打造成行业的唯一。当你渐渐深入客户的心智之后，你自然而然就成了行业的标杆。

因此，想让自己的产品或品牌更具有价值，那么就必须学会打造唯一性，让客户只认识你，除了你，别无选择。

那么，什么是唯一性呢？就是我们拥有绝对技术含量的壁垒！这种壁垒可以是独立的知识产权、唯一的技术掌握者、唯一的市场准入者或者是唯一的市场竞争者。简单来讲，它代表着自身的绝对优势。

B 端的企业品牌规划如何才能打造品牌唯一性？

1. 从市场研究分析打造唯一

充分地分析，对所在的行业有一个深入的了解和把握，再对竞争对手有一个清晰的认识。在此基础上根据自己的产品及品牌特点，找准自己的市场位置，为自己确立一个专属市场区域，与竞争对手形成区隔，这样有利于建立属于自己的市场范畴。

2. 从定位方面构建自己的唯一性

给自己的品牌、产品、形象确定一个明确的独特定位，要与竞争对手有着鲜明的差异。必须用独特的定位彰显自己的价值主张，并不断地强化自己的独特定位，让自己成为行业的指向标，成为行业的一面旗帜。

3. 从特殊市场垄断打造唯一性

在市场中找到专属于自己的市场范围，以特殊供给或者特殊市场竞争壁垒找到自己的唯一市场区隔。比如微软占据了操作系统的制高点，成就了行业垄断地位。还有一些做网络安全或者军方业务的公司，也在细分领域占据了绝对优势。

4. 从明确的客户群体树立唯一性

在目标客户心目中树立自己的唯一形象。在广阔的市场中，客户的需求千差万别，不可能有一款产品能够满足所有人的需求，要敢于创新，走出固有的框架，研制新产品，了解目标客户群体的个性化需求，为他们提供个性化的产品和服务。

第四，整合性思维

品牌传播不能仅仅依靠一个渠道或者一种方式，因为信息时代，目标客户了解到产品的渠道不止一处，所以品牌传播依然需要整合的方式。

品牌整合的本质是以品牌为核心重新配置营销资源。对于B端的品牌营销来说，要整合一切可以整合的资源为我们所用，一切为了品牌传播的效果和最终业绩增长目标的达成。

整合一切可以利用的资源。B2B类的品牌营销需要整合优质资源，以公司为主体，以服务能力、产品力和品牌力为中心，实现市场占有。公司应该集结优势资源，目标一致，构建服务能力、产品力和品牌力为核心的机制，形成合力，实现和创造销售力。

整合一切可以传播的内容。包括形成服务力、产品力的资源，比如核心人物、专业人才与技术、运营管理能力、完善的供应链体系、获取投资融资等内容，都是品牌素材，包括品牌力本身。以品牌力为中心，要求所有触点，从理念到执行，知行合一，从而获得客户认同，得到客户拥戴。

第五，整体性思维

首先，品牌绝对不是品牌部门的事，而是整个公司的事情。品牌的第一责任人一定是企业的最高决策者，也就是说企业的品牌工作是“一把手”工程，这个结论不分 TO C 与 TO B，都是成立的。

因此，TO B 企业如果要做好品牌，老板首先要有品牌意识，如果老板不认同品牌价值，只有“生意”意识的话，甚至觉得品牌只是锦上添花的工作，即使再牛的大咖也做不好企业的品牌。

其次，企业的品牌不仅仅表现在企业的营销内容层面，或者企业宣传层面，还深深地植入企业的整个市场活动中，包括每一个人的言行举止、行为规范。因此，企业的品牌工作是一个自上而下的整体工作，是全公司的头等大事，是企业的整体作战行为，关系到企业协作链上的所有人。

1. 企业高层领导

对 TO B 企业来讲，企业高层领导不仅是公司品牌战略的决策者和驱动者，也是公司品牌组成要素，需要在不同的场合“扮演”不同的角色，一旦品牌定位确定，市场部务必与高层领导达成共识，以实际行动体现品牌定位。

2. 公司销售人员

作为公司与目标市场对接最紧密的形象接触点，销售人员待人接物的方式、言谈举止的气质、处理问题的能力乃至个人形象，都是公司品牌形象的直接体现，因此，务必在销售人员的甄选和培训方面予以足够的重视。

3. 技术服务人员

TO B 企业产品技术服务于人，归根结底，产品的功能和可靠性才是服务的根本。能够积极深入生产一线，一针见血发现问题；善于倾听客户需求，干净利落给出解决方案；能够迅速响应现场故障，设身处地地解决问题……每一个细节都体现出专业，才能让用户放心和信赖，品牌，就在这一点一滴的努力中积累起来。

4. 代理经销商

与企业紧密合作的经销商是 TO B 企业对外展示品牌形象的“窗口”。他们的言谈举止、一言一行都会对客户如何评价企业品牌形象产生巨大的影响。因此，在其登门拜访客户之前，必须做好企业文化、销售技能和产品知识的培训；在渠道管理中，必须督促其提高走访效率。这样才能以最简单有效的方法将企业的品牌影响力进行最精准的扩张。

5. 其他品牌接触点相关人员

对 TO B 企业品牌的养成来讲，市场部人员挥汗如雨地做 VI、搞活动，舌灿莲花地去宣扬品牌价值，一切似乎看上去很专业的品牌推广行为都抵不过一句话：说得好，不如做得好！如果在所有与目标市场相关的品牌接触点上，如客服人员、前台接待、展台接待、秘书、翻译等，有那么几个环节表现得很糟糕，那千辛万苦养成的品牌价值在客户的心目中就如同在太阳底下流着汗的雪人，随着时间渐渐融化……

TO B 品牌的五种思维是 TO B 品牌营销的基本思路，但也不是一成不变的，所以在实际的营销工作中要举一反三，灵活运用，要能够根据企业本身的实际情况进行拆解。

第三节　定位原则：B端品牌定位的基本原则

品牌定位的作用和意义重大，但是在和很多人沟通过程中，我发现他们都在为品牌定位的问题而苦恼。要么是没有明确的品牌定位，发展方向很模糊；要么是不知道如何进行品牌定位，一直观望，很迷茫；要么是盲目跟风给品牌做了不合适的定位，选错了发展方向。无论是哪种情况，都给 B 端的品牌发展造成了不可估量的损失。

理清公司定位和产品价值，有利于市场传播体系、运营体系、销售体系和客服话术的制定，更好地传递整体服务价值，也是企业开展市场推广的前提。因此，这一步必须先行。定位越清晰，沟通成本越低，传播区隔才能做到更加有效。市场教育就更有方向感，整个公司和团队才能力往一处使。

诚然，品牌定位越精准越有力量，越有杀伤力，越具有脱颖而出的可能性。因此，我们在做 TO B 品牌定位的时候应把握好三个原则。

第一，以客户为中心

TO B 企业做品牌定位，首先要解决的问题就是锁定您的目标客户群体。有可能我们锁定的客户群体是一个比较大的范围，依然没有办法确定精准的目标客户群体，那么有必要对我们锁定的客户群体进行分层、分级梳理。

一般情况下，我们选择的目标客户群体要遵循唯一性原则，这就是所谓的“北极星”原则。因此，我们往往把我们的客户群体分为必须满足、必要争取、可以放弃三个层级，我们就可以非常清晰地看到我们的目标客户是哪一类，那么我们的品牌定位势必会锁定必须满足的客户来做。

大数据时代，不管是政府和企业都在做数字化转型，我所在的公司作为大数据公司也是市场中的一员，那么如何确立自己的品牌定位？经过分析，我们的客户群体锁定在政府单位和大型企业，因为数字化转型的成本还是比较高昂的，一般的中小企业难以承受。但是仅仅锁定政府单位和大型企业还远远不够，政府也有很多委办局，每个委办局的业务场景都是不一样的，企业也分很多行业，不能一概而论。经过反复论证，最终确立了“政务舆情大数据运营服务商”的定位。

第二，以业务场景为基础

品牌定位要根据数据工具来分析市场及客户的真实需求，顺应时代及市场的发展趋势，而不是缺乏依据地凭空想象，因为你想当然认为的需求非常可能就是伪需求，这样的情况下，你就是把产品或服务打磨得再好，市场没需求，没有客户购买也没有用。因此，品牌定位要选择市场需求处于增长趋势的细分领域。

市场需求处于增长趋势说明发展潜力较大，选择细分领域是因为市场足够大，小领域大市场，选择细分的小领域更容易成功。往往产品和技术是抽象的，但是品牌是有感知力的。选择业务场景就是要将抽象空洞的产品和技术具象化，通过品牌的感知力让目标客户更易接受，更易理解。

不可否认，客户只对自己相关的场景感兴趣。技术和产品是通用的，但是客户并不想听一个通用的产品故事，他想听的是根据他的业务场景量身打造的产品故事。

第三，以竞争区隔为切入点

知己知彼才能百战百胜，在给自己的品牌做定位之前，必须先搞清楚行业内竞争对手的优势和劣势，以及他们在消费者心智中的品牌定位，再避开竞争对手的定位，使自己的定位与竞争对手的定位区分开来，选择差异化的、市场竞争非常小的品牌定位。

竞争区隔是从自身资源出发，分析自身优势，挖掘品牌自身的优势特点。做品牌定位最要命的是看别人做某个方向做得好，就想把自己的定位也往那个方向靠，这是极端错误的做法，除非你不计成本推广，用钱“砸死”竞争对手。因为每个人、每个品牌都是独一无二的，一定要找到自己品牌的真正独特的优势，做好自己，而不是不假思考，只顾跟风盲目抄袭模仿。

慢就是快，快就是慢，品牌定位一定要从品牌自身的优势特点中来挖掘和发现，要明白你的核心竞争力是什么。总之，就是要选择与自身资源优势相匹配的品牌定位。

因为，选择比努力更重要，市场竞争越小，你的品牌成功的几率就越高；市场竞争越大，越不容易脱颖而出。

第四节　指标构建：B端品牌营销的核心指标

TO C 品牌运营一样，开始具体落地运营之前，需要先找到你产品的核心目标，也就是北极星指标。

所谓北极星指标，顾名思义，就像是北极星一样高高闪耀在天空中，在纷杂的商业世界中指引品牌方向的核心数据指标。

不同的产品，北极星指标各不相同。如果你负责的是类似于美颜相机这样的产品，那么你产品的北极星指标可能是用户完成修图的次数；如果你负责的是类似于石墨文档这样的工具型产品，那么你的产品北极星指标可能是用户使用次数；如果你负责的是类似于滴滴打车这样的产品 B 端运营，那么你的产品 B 端运营的北极星指标可能是司机接单次数；如果你负责的是类似于营销类 SaaS 产品，那么你产品的北极星指标可能是使用产品的商家数量。

获客是 B2B 企业品牌营销的核心指标，同样的道理，TO B 品牌营销始终坚持“实效”的原则，终极目标是“销售获客”，这就是 TO B 品牌营销的北极星指标。在这个北极星指标下，又可以分解为三个重要的小目标。

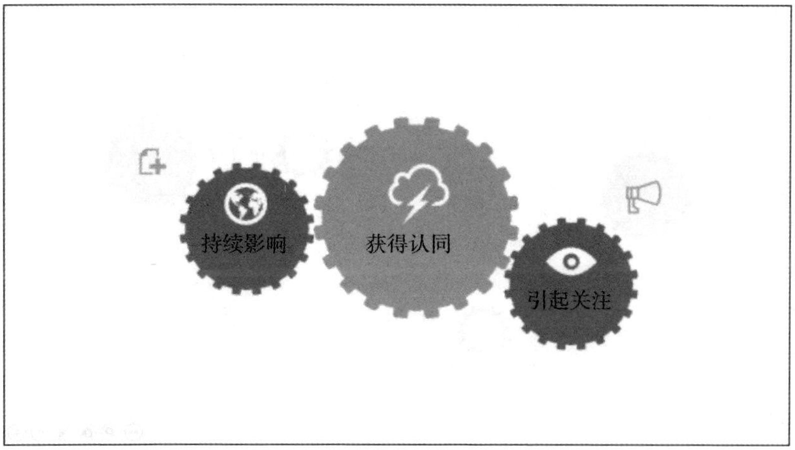

第一，引起关注

获客的第一步是关注，也就是引起消费者的注意，这是任何营销的前提。没有关注就没有后续的一切，就谈不上转化。

对于 TO B 品牌的营销，要想获得目标客户群体关注，既跟 TO C 品牌营销有相通的地方，又有自己特色的方法和路径。“TO B 的品牌营销往往都是小众的”，从这个意义上说，我们大可不必让每一个人都关注自己的品牌，只需要最大可能地让你的目标客户群体关注到你的品牌就可以了。所以我们首先要弄清楚的是，你的客户群体能够通过哪些渠道了解到你的信息？

一般来说，目标客户了解到品牌依然离不开线上和线下的双渠道。线上目前主要是互联网渠道，对于 TO B 的客户群体来说，搜索引擎是他们了解和选择供应商的一个必备渠道，所以以搜索为主的 SEO、SEM 是 TO B 企业标配的营销通路，所以务必重视企业的官网和推广。

另外，大量的内容营销也是不可或缺的。当然了，营销内容可以是事件，也可以是专业性的知识，或者行业简介，或者新闻。

线下要引起目标客户的持续关注我们不得不重视行业展会或者论坛，这是 TO B 流量最集中的地方，汇聚了合作伙伴、目标客户、资本、媒体、协会等各路你想要的资源，所以这是最直接有效，也是最精准的引起品牌关注的路径。

第二，持续影响

想要做一个强势的品牌，离不开塑造影响力，这是建立一个优秀品牌的必经之路，虽然 TO B 品牌的影响力不需要做到妇孺皆知的程度，但是也要力争最大范围地影响到需要影响的目标。

如果说品牌的持续关注度是为了提高品牌的广度和宽度的话，那么增强品牌的影响力就是提高品牌的深度。TO B 产品专业化程度高，客户和工程技术人员没有深入了解的话，很难真正体会到产品的特点和优势。因此，品牌腾飞伊始，必须靠精准定位的公关活动来播撒“种子”，不断通过口碑传播、媒体推广逐渐酝酿和发酵，直到顺利

“起飞”。

对 TO B 市场部来讲，有一项非常重要的任务，就是要将已经定位好的品牌形象，通过恰当的媒体和通道、以适当的“音量”定向扩散开来。媒体是业界消息的“扩音器”，品牌影响力迅速扩散和提升的全过程，媒体的应用至关重要。

第三，获得认同

当客户群体更加理性，更加注重品牌和口碑，说白了就是大多数客户的共有“认同感”，那么，TO B 企业再遵循“老套路”就会被时代抛下。转变思维，以客户的眼光看待产品，这样我们才能健康发展。

当一个产品带来的不仅仅是产品，还有巨大的附加价值时，才是人们购买的巨大动力，因为大家的“认同感”一致。在 TO C 产品营销时，有可能一个出色的“故事”就让客户爱上你的品牌，成为你品牌的忠实用户。但是，在 TO B 领域，仅有好的故事是远远不够的。

在 TO B 领域，品牌认同感是在长期服务客户的过程中积累而成的，是某一领域专业性的重要体现。从某种意义上讲，TO B 领域可以说是“服务即营销”“产品即营销”。比如一提到战略咨询，你立马会想到麦肯锡；一提到广告服务，你立马会想到奥美；一提到 ERP，你一定会想到 SAP。这就是品牌在长期服务客户中形成的“认同感”，不是一朝一夕能够解决的。

第五节　渠道整合：B端营销渠道的搭建准则

随着时代的发展，技术的革新，客户获取有效价值信息的方式在改变，TO B 企业营销渠道的搭建也在发生着变化，但是不管如何变化，我们依然要遵循以客户为中心、以效果为导向的准则。

第一，线上与线下相结合

没有互联网的时代，TO B 企业主要依托线下渠道，建立起直客拜访或者渠道代理销售的模式。互联网的迅速发展使 TO B 企业的营销渠道发生了重大的转变，从线下快速向线上倾斜，大多数 TO B 企业都建立了以线上为主的营销渠道，但是 100% 迷信线上渠道往往会让 TO B 企业吃大亏，因为 TO B 业务毕竟是“大生意”，势必要与购买决策者和使用者反复沟通和交流，“人为”的影响因素比较大。所以，要建立完善的营销渠道，线上和线下能够结合最好。

那么，TO B 企业需要建立的线上营销渠道主要有哪些呢？

首先，对于一个 TO B 企业来说，企业官网是必需的，这是一个企业的门户。

企业官网从访问渠道类型来说分为 PC 端官网和移动端官网，内容可以相同也可以有侧重；从功效来分又可以分为内容型官网、产品型官网、商城型官网。

内容型官网往往是以行业的角度，为目标客户传达一些行业相关的资讯，分享一些专业的知识与案例，通过高质量的内容获取B端流量，在潜移默化中达到影响目标客户群体，从而达到目标客户认同的目的，积累客户的咨询线索，然后销售跟进服务。典型的如艾瑞网、梅花网等，这一类型的官网有利于SEO优化和搜索引擎收录，能够在网络推广方面起到很好的作用。

产品型官网是绝大多数TO B企业的选择，这种官网比较直接，目的性强，就是为了简单明了地向客户介绍产品和企业。这一类型的企业官网一般分为公司介绍、核心产品、技术优势、客户案例、企业新闻等板块。为便于客户咨询和联系，往往会设置互动性的即时聊天工具，或者设置留言表单，获取有效的销售线索。另外也可以设置客户申请试用者的通道，这样更容易增加线索的获取量。

商城型官网往往是平台型公司的选择，是一个非常综合的TO B企业产品的集合平台，在平台可以实现从产品推广到产品购买、产品评价的闭环。典型的如阿里云的官网、京东万象的官网就是一个云服务产品的综合性平台。这一类平台只适用于多产品、多业务的平台型企业，而不适合单一业务的企业。

另外，对于一个TO B企业来说，其他辅助性的线上渠道的搭建也是不可或缺的。目前除了官网以外，其他线上渠道主要还是集中在企业新媒体平台上，比如流行的企业微博、企业微信以及抖音等。

线上有一个不得不重视的渠道，那就是生态合作入围。这是指什么呢？比如你是做云服务的，那你就要想方设法将自己的产品和服务上架到阿里云上面。因为阿里云上面每天都会有大量的需求方来选择产品和服务，那么你家的产品就有机会被客户选中。

B2B 企业的营销渠道就是建立“中间商”体系。

至于线下渠道的搭建就非常好理解了。一般线下渠道的搭建主要有几种常见的模式，也就是建立自己的“中间商”体系。

一是渠道代理。你可以大范围地招募产品的渠道代理，迅速地向全国铺开，让更多的代理商和合作伙伴来推广你的产品，你只需要做好产品和服务好客户。像百度推广的 B 端业务一开始都是这么做起来的，通过招募大量的代理商铺开全国的市场推广活动，迅速占领市场，最大限度地提升客户覆盖率。

二是发展更多的渠道资源。这些渠道资源有些是个人，有些是公司，通俗讲叫“掮客”。简单来说，为了业务的快速推进，需要发展大量的“中间商”，为你免费推广产品和业务。发展渠道资源不仅仅是发展人，更重要的是盘活他们手中的资源，从而为你所用。

第二，传统与流行融合

营销理念和营销方式也是随着技术进步改变的，但是不代表传统的方式就会失效，我们要本着“有用”的原则，而不是喜新厌旧的原则。不能说最近非常流行“社群营销”的概念，就丢弃了以前建立起来的渠道，把所有的精力都投入到社群的建设上来，这种风险是非常大的。

对于营销来说，本质上是一个试错的过程，在没有做之前，谁也没有办法保证哪一种方法就 100% 有效，企业找到适合自己的营销路径一定是经过反复的尝试以后形成的，而不是一蹴而就，如果真是那样就太幸运了。

所以，“不能把鸡蛋放在同一个篮子里”，这句话不仅适用于投资界，也适用于营销界。技术会变，营销的方式方法会变，但是营销的本质不会变。旧的方法不一定不好，新的方法也不一定就好。所以我们在做营销渠道搭建的过程中，不能剑走偏门，而要通盘考虑，做到流行与传统方式的融合。

第三，品牌与销售联动

在很多TO C企业，品牌和销售是相互割裂的，在渠道的搭建与选择上也是各行其是，但是对于TO B企业来说，品牌和销售应该是同一个目标，是互为一体的，所以在做渠道搭建的时候，要有品牌和销售联动的思维。

一提到品牌渠道的搭建，大家往往想到的是媒介的选择，但是在TO B领域，只考虑媒介的选择是远远不够的，而是要将销售打包一起来考虑，要从解决营销最后一公里的思维和目标来搭建，让品牌和销售能够有机结合起来，形成无缝衔接。

品牌的建设往往不是一朝一夕的，而是通过销售的开展逐步建立起来的。“世上本没有品牌，买的人多了便成了品牌”。从这个角度来讲，品牌渠道的搭建应该以终为始，这个“终”就是销售。TO B企业市场推广与销售一体化趋势越来越明显，市场推广的核心考核指标也越来越向销售线索靠拢。

现实中企业的渠道推力和品牌拉力不一定时时都协调，有的时候渠道开发好了，产品研发和服务方案都准备好了，而品牌宣传没有跟上，渠道推力充盈而无突破口可出；相反，有的时候品牌打响了，但由于渠道限制，产品迟迟未上线，导致无货可卖，强大的品牌拉力找不到着力点。这些都是对营销资源的极大浪费。

品牌渠道联动就是以全局的眼光考虑品牌和渠道，让品牌媒介与销售渠道合二为一，协调好品牌拉力和渠道推力，让两者形成合力，从而达到最佳的营销效果。

比如目前流行的短视频或者直播，TO B 企业通过搭建自己的直播渠道，由企业的专业人员进行专业直播，在直播的过程中不仅完成了品牌的传播，也顺道完成了销售的前期工作。

这个场景我们并不陌生，有些 TO B 的企业已经在广泛地使用。比如有些企业通过知识培训直播，扩大了企业的品牌知名度，也影响了一批目标客户与合作伙伴。其实这就是 TO B 企业的直播带货方式，只不过相较于 TO C 直播即时交易不同，TO B 直播带货需要有一个转化的过程。

第二部分
增长为主，流量为辅

第三章　B端品牌营销增长策略

TO B 品牌营销要达成的目标是给企业带来持续的业务增长，让企业在市场竞争中获得先机，创造更多的商业合作机会，从而为企业创造业绩和价值。

第一节　增长方式：B端品牌营销的增长模式

在现在以及将来的营销中，我们都将看到这样的趋势：企业营销的重心正从“要声量”向“要销量”转变，增长成为唯一的衡量指标。

首先，企业更加注重营销带来的实际效果，所以大家谈增长、谈带货、谈品效合一。

其次，企业更穷了，我看到很多企业客户都在削减营销预算，于是产生了许多诸如“私域流量”的说法。

出现以上现象的原因，其实是如何解决在有限的营销预算下达到更好效果的问题，这是摆在管理者面前的一大难题。这也导致了另外一个现象，即 TO B 企业市场推广与销售一体化趋势也越来越明显，市场推广的核心考核指标越来越向销售线索靠拢。

在企业市场预算越来越有限的形势下，如何推进资源的有效配置，开展市场营销工作，并且达到持续增长的目标，是 TO B 企业在未来很长时间内即将面临的挑战之一。

也许很多传统的 TO B 企业营销人还停留在会议营销、标杆案例、第三方背书的“三板斧”认识中，这也许在过去屡试不爽，但是在未来 TO B 市场越来越成熟的环境中，这“三板斧”未必继续有用。

TO B 企业营销虽然有众多流派，玩法各异，但是从增长的路径来看，可以大体分为广告式增长、公关式增长以及运营式增长。

模式一：广告式增长

广告式增长简而言之就是通过线上或者线下投放广告的方式，扩大品牌影响力，获取有效的销售线索，从而带动业务的增长。

当你没有任何优势资源，也没有完全建立完善的销售渠道的时候，那么最直接有效的增长模式就是广告。

广告虽然是一个非常传统的营销方式，也会花费不菲的预算，但是它是在众多的营销手段中最容易入手，也最容易实施的方法之一。也许有人说广告费用大半是被浪费掉的，但是这并不代表没有效果。在没有更好的解决办法之前，最基本的办法也是一种好方法。

尤其对有些初创公司来说，没有资源，没有人脉，也没有搭建起销售体系，更没有强有力的渠道，那么如何实现从 0 到 1 的增长突破？只能是广告，也只有广告是最有效、最符合实际的营销手段。

互联网广告的兴起极大地降低了广告投放的门槛，每天预算几百块钱也可以进行广告营销，这个阶段一般要选择一些效果类广告为主，比如搜索引擎等，往往获取到的都是比较精准的高意向客户。

不可否认的一点是，虽然搜索引擎在中国的名声并不好，但是数以千计的TO B领域的创业公司或者中小企业主要靠它来维持生计，获取业务和订单，甚至有些企业仅凭借搜索广告这一手段就可以做大做强。

所以广告是TO B企业增长最直接的获客方式，也是可以立竿见影的获客方式。从品牌营销的角度讲，一方面可以塑造企业影响力，另一方面可以源源不断地获取有效的销售线索。

模式二：公关式增长

不同于广告是从产品卖点和业务场景出发，比较直接地向目标客户强推企业的产品或者服务，而公关就委婉多了，它更多的是从客户信任和企业口碑的角度去传播价值观，影响目标客户群体。

相对于广告式增长，公关带给企业的业务增长是间接的，而不是直接的；体现的价值是隐性的，而不是显性的。

我们做一次广告投放可以比较容易地统计到带来多少销售线索的转化，但是很难衡量一次公关带来多少效果的转化，可是它的价值却是真实存在的。因此，公关活动的效果不能仅仅从某一次或者短期的增长效果来看，而是从更加长远的角度来衡量公关带给企业业务的持续增长。

公关式增长是一门艺术，需要有高手来策划和主导，运用得好有时候可以起到“四两拨千斤”的作用，从而使品牌一炮而红，人尽皆知。也可能由于一次成功的公关活动，让品牌成为“国民品牌”，从此让客户无限信任，产生持续的业务增长，持续分享品牌红利。

公关式增长往往要借助热点事件或者制造事件来引起行业的轰动，从而触达目标客户的关注，所以策划是公关的灵魂，优秀的公关大师是可遇而不可求的。当然了，一次成功的公关营销还需要媒体等渠道资源的加持。

另外需要注意的一点是，公关式增长是一把双刃剑，运用得好可以让企业一炮而红，运用不好有可能引火烧身，因此把握好火候很重要。

模式三：运营式增长

运营增长的模式在TO C互联网产品增长中已经运用得非常成熟，包含了内容、用户、社群等方方面面，能够达成拉新、留存、使用时长、使用频次、付款等各项指标，而在TO B领域应该如何运用呢?

在TO B领域我们依然要围绕以客户为中心的运营策略，采用有效的运营手段，从而达到业务增长的目的。

在企业的实际运营过程中，依然离不开客户运营、内容运营、社群运营三个方面。

我们通过设计行之有效的传播方式，让更多的目标客户接收到我们的传播内容，更重要的是通过无懈可击的机制，把我们的目标客户变成我们的传播者，无限循环下去，形成裂变的模式，这也是目前比较流行的客户运营模式之一。

另外，我们也可以通过专业的内容干货来运营我们的客户社群，从而沉淀出我们的高价值目标客户。比如有些做企业培训的商学院往往会通过开展线上公开课的方式，链接目标客户，先圈定一批企业客户在微信群里，形成自己的私有池，然后再择机进行商机和订单的转化。

不管是广告式增长、公关式增长还是运营式增长，都需要企业根据自身的实际灵活运用，并且进行有侧重点或者组合来开展营销活动。

第二节 广告策略：B端营销“品效合一”的三个关键

广告是TO B企业最直接有效的营销方式，一方面可以提升品牌的知名度和影响力，另一方面可以直接推广产品和服务，获取有效的销售线索，提升订单量。

对于绝大多数TO B企业来说，广告的预算往往是有限的。在做广告投放之前，如何进行有效的资源配比，才能使资源利用最大化，获得更好的推广效果？

这其实主要取决于TO B企业营销的核心指标，那就是精准获客，即获取有效的销售线索。所以，在企业广告策划与投放的时候，销售线索是贯穿广告策略的唯一主线。

TO B 企业进行广告营销，到底是以品牌广告为主还是以效果广告为主？这好像放在任何一个行业、任何一家公司既是一对矛盾体，又是一个不可分割的整体，如何才能掌握好这两者之间的平衡点，是广告营销的关键。

所以在广告式增长的过程中，首先我们要解决三个问题，那就是关于广告资源配比、广告创意策划以及广告渠道选择。

第一，广告资源配比

广告类型配比：一般我们把广告分为品牌广告和效果广告。品牌广告是为了积累客户信任，形成品牌资产与口碑，但是不容易在当下提升销量，而效果广告是直接奔着销售目标去的，能够立竿见影看到广告所带来的效果，但长此以往会让品牌价值力和认可度逐渐式微，不容易形成品牌长期的认知，从而占领客户心智。

一般来说，对于 TO B 企业来说品牌广告和效果广告的比例应当保持 7：3，也就是在一年的广告预算中，要将 70% 的预算花在效果广告中，30% 的预算用于品牌广告的投放中，这样既解决了业绩增长的现实问题，也兼顾了品牌长远发展与积累的使命，基本能够达到我们“品效合一”的要求与设想。

广告渠道配比：对于 TO B 企业，我们一般不轻易建议投放线下渠道，这倒不是对线下渠道有偏见，而是基于两方面的考虑：

一是线下渠道一般投放门槛比较高，成本也比较高，而 TO B 企业的广告预算往往很少，也许一年的总预算还不如线下渠道投放一次的费用，所以长期投放线下渠道对于 TO B 企业来说不太现实，除非企业的预算非常充裕，不影响后续的整体营销活动的预算，但是也应该考虑投入与产出。企业营销是一个长期的过程，不是一次或者两次的广告投放所能解决的，所以应该把资源集中在具有连续性的广告投放中来。

二是线下的广告投放效果难以统计，一次线下投放活动所带来的效果目前很难进行量化统计，只能是一个感性的评估。而线上广告投放能够比较清楚地统计到广告的营销效果，包括获得有效线索的数量和质量，因此很容易进行营销效果的评估。

当然了，这也不能一概而论。我们经常在写字楼电梯或者机场广告中看到一些咨询公司或者企业培训公司的广告，甚至像钉钉等大型的 TO B 产品在地铁里也大范围地投放广告。

这一方面取决于场景的选择，像 CBD 的写字楼电梯以及飞机座舱是商务人士最集中的地方，所以电梯和飞机座椅广告能够很好地触达到目标客户。而大范围的地铁广告，这只能说是大公司的大手笔，他们的投放策略和一般企业是无法相提并论的，并没有多大的参考和借鉴意义。

第二，广告创意策划

对 B 端市场而言，决定购买的人群（企业高层）、采购的人群（采购部门）和使用人群（企业基层）往往不是同一拨人。这三者之间的不一致性就决定了 TO B 的营销要占领高地，向下覆盖。

所以 TO B 广告的受众不像 TO C 广告的受众那么单一，而是要覆盖到各种角色，但是最重要的还是要围绕整个受众的“大 Boss”来策划广告内容，这样也就抓住了整个广告营销的主要矛盾。

在企业，“大 Boss”与企业员工之间的诉求往往是相互对立的。在这个层面上来讲，TO B 广告的作用不仅仅是产品告知，而且承担了说服的作用，让整个产品使用链条上的所有用户都能产生认同感。

记得有一个很典型的案例，是钉钉刚上线时做的视频广告，它通过一组视频，从老板、员工、同事、客户的不同角度，诠释了产品带给不同角色的使用者不同的价值，再配合以夸张的创意表现形式，让人耳目一新，记忆深刻。

在通常的 TO B 广告中，我们很容易陷入中规中矩的广告创意，不厌其烦地介绍产品的功能和价值，生怕客户不理解，力求面面俱到，但往往忽略了广告的故事性与趣味性，变成了一场说教。

从某种意义上来说，这种广告创意说不上出彩，也算不上错。但是我们要清楚地知道，即使是 TO B 的产品和服务，对于广告而言，我们面临的也是一个活生生的人，如何让 TO B 的广告变得更加有趣，更加让客户容易接受，是我们做广告创意的重点，需要花费很多的精力去打磨，去思考。

这确实是一个比较烧脑的活儿，要把一个偏理性的工作用感性的思维方式讲出来，是对营销人员的考验。

我们不妨从以下两个方面来思考与尝试。

1. 传播性：试着让你的产品更贴近人性与日常生活

当我们就事论事讲产品的时候，大多数人是不太关注的，但是如果你能够把产品同每个人的生活关联起来，出现在他们日常的场景中，并给每个人的日常生活带来不一样的改变，这时候会引起受众的关注。

尤其对于一些抽象的、难以理解的技术类产品，我们应该尽量避免讲技术和功能，即使讲得再详细也不可能使客户完全理解。我们应该将抽象的技术和功能具象化，从细微处感知策划广告的主题，从客户的应用场景去讲故事。

作为京东集团旗下的全平台云计算综合服务提供商，近年来，京东云在营销上一直坚持“人性为终”，通过不断的营销探索和创新，让消费者对云品牌服务和产品的感受更贴近自己的日常生活。

“作为数字时代的基础设施，云计算已经像水电气一样渗透于日常生活。所以品牌传播要紧贴大众的日常需求，将云技术的应用场景化具象化，让受众更加易于理解。因此，品牌打造过程中更关注前沿科技与个人之间的关联，以贴近人们的生活，让普罗大众能对‘高冷’的云计算有温暖的感知，‘让大众感冒，小众发烧’。”

京东云联合360视频、达达、华侨城等八家企业打造的“小问题需要大作为”主题Campaign为例，为了以更大众化的方式推广企业产品的特性，京东云将落脚点放在了具象化的“小人物”生活场景上。不仅上线一支以达达骑士、金蝶研发工程师等企业员工为主角的宣传视频，还推出了系列真实案例故事讲述渲染师、架构师、企业创始人、退休阿姨等不同身份人物的日常生活。

商业变法

京东云的客户涉及能源、农牧、教育、医疗、金融、旅游、互联网行业等诸多领域，重点推广京东云的技术能力，将通过企业案例包装、重点技术产品包装、城市案例包装等方式，突出京东云技术优势，增强京东云的行业影响力。

面对不同客户的不同痛点，京东云在传播上找到一个“共性”，即从目标人群及其决策路径入手，为客户产品及品牌服务进行更好的传播。

2. 话题性：从客户喜闻乐见的话题切入广告内容

从人性的角度来说，每个人只会关注自己最关心的事情。

不管是TO C还是TO B产品，对于营销人来说，始终要保持对现代人热点话题的关注，不管是加班、吐槽、脱发，还是雾霾、堵车、房租，都有可能成为我们灵感的源泉。只有这些客户最关心的问题与我们的产品产生关联，才会引起客户的注意。

一切皆可为营销所用，换一种思维，试着将TO B广告用TO C

的方式来做，有时候也不失为一种好的策略。

金蝶，一个为企业数字化提供云服务的企业，不能再典型的 TO B 业务的企业，居然跨界联合霸王，生产了一款防脱发洗发液。

就着时下职场人群都关心的脱发问题，一箭双雕，霸王给程序员个人防脱发，而金蝶则是给企业解决管理问题。

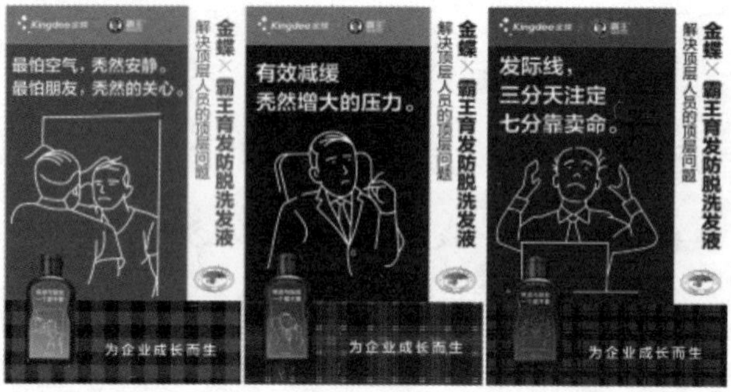

商业变法

若是快消品做这样的跨界，会心一笑倒也很好理解。看到是主打 TO B 业务的金蝶做的，还是被它突破刻板印象的强烈反差震到了。这震撼就好比你看到一个只在高雅的音乐大厅给少数高端人士唱歌剧的人，突然走到流行音乐的舞台，大改唱腔，唱得毫不逊色于一个流行歌手。

金蝶和霸王的品牌联合传播，以 CIO（首席信息官）人群作为用户画像，但也配合对基础 IT 人员的趣味性内容，从而传播苍穹这个面向大企业的产品。金蝶用“顶层问题”这样一个双关概念，以跨界定制产品的有趣表达形式，在流量峰顶完成了一次对决策者和使用者的双触达传播。

商业变法

金蝶不只是打到了企业的顶层人员（管理者、负责人等）的痛点，因为它用与不用的场景对比，对使用者程序员们也是很痛的点。

它的传播，必须像决策者和使用者分离的儿童产品一样，保证一次打动两波人。这两波人的痛一旦打中，他们内部就会形成强烈共鸣，接下来转化的事情就顺理成章了。

第三，广告渠道选择

相较于TO C来说，TO B广告的渠道投放更讲究精准性。

我们应该非常清楚我们的受众客户及客户细分，因此在每一次广告媒介选择的时候，我们对目标客户进行分群、分层、分级。所以，不管是通过数据分析还是实地调研，弄清楚他们到底活跃在哪些平台和媒介是一次广告成功投放的首要任务，因为只有这样，在投放广告的时候我们才会有的放矢。

我们把TO B广告投放的渠道分为几大类：

1. 搜索类渠道

主要是谷歌、百度、360、搜狗为代表性的PC端和移动端搜索引擎。这里要强调一点的是，不要因为现在是移动互联网时代，就不重视PC端的投放，而恰恰PC端是我们TO B广告的投放重点，为什么呢？原因很简单。TO B的产品一般来说都是工作需要，而有需求的客户用搜索引擎搜索产品和服务的时候一般是在上班时间，上班时间人们都在使用电脑，所以自然而然就会用电脑去搜索。通常情况下，TO B类的产品在下班时间的搜索频次会低很多。

虽然搜索广告的效果没有刚开始的那几年效果好，但整体来说还是很不错的。尤其对于中小企业来说，在预算有效的情况，是广告投放的首选。

2. 垂直类渠道

不管是哪个行业，基本上都有一些垂直类的媒体，行业里的相关人员，包括客户、专家、投资者、上下游合作伙伴、甚至友商都活跃在上面，这种媒体对于TO B来说广告投放是比较精准的，能够有效触达目标客户群体。

这些媒体有可能是一个网站、一本杂志、一个APP，或者一个公众号，形式不同，但内容和受众趋同。

在选择这类媒体的时候，首先我们要对媒体进行一次摸底，尤其网站类媒体，我们要摸清网站的真实会员以及访问量，并且在投放广告以后做好广告的监测，因为刷量在广告行业里面几乎成了一个心照不宣的规则。

其次，我们选择媒体的时候一般是采取“线上优先”的原则，如果你的预算有限，我还是建议把有限的预算投放到线上，因为在线上能够很好地完成一次营销转化的闭环。如果选择线下媒体，也要设计好整个转化的通路，比如通过二维码来获客。不管是选择线上垂直媒体还是线下垂直媒体，不考虑转化效果都是资源的浪费。

3. 精准类渠道

随着大数据和人工智能的技术在营销领域的应用，广告的投放也变得越来越精准。像社交类媒体平台都推出了基于用户画像数据的“千人千面”广告投放系统，能够将你的广告精准地推荐给你的客户。这看起来是一个完美的逻辑，但是真正投放的时候也要经过深思熟虑，反复求证。原因很简单，不是所有的产品或者服务都适用于这一类平台。对于这一类平台，适合绝大多数的 TO C 类产品和服务，尤其是消费品。但是对于 TO B 类的产品和服务可就不一定了，尤其是面向大企业的数字化转型或者政府类产品就更不适合。有可能出现数据很好看，但是效果很不理想的尴尬。

也许有人会说，政府人员和企业人员也会来平台上玩呀？是的，他们来平台上仅限于娱乐、消遣，而不是为了工作，是属于个人行为，不是单位行为，也是非工作场景下看到你的产品，自然效果也不太理想。

以上是对于大多数 TO B 企业选择广告投放渠道的策略。如果企业发展到一定的阶段，想提升品牌的知名度，那么选择受众面更广的大众媒体也无妨，甚至可以在权威媒体露个脸，比如央视。

第三节　公关策略：构建B端全生命周期传播场景

为什么很多B2B企业觉得传播很难？

尤其是从TO C转型过来的公关人发现擅长的东西都没用了，不做媒体关系，不做event，没有roadshow，新闻稿平铺直叙，微信、微博都只做文字和新闻稿发布，没有互动和转发。不仅自己感到迷茫，还担心这样下去会不会被公司辞退。

因为从用户视角来看，B2B企业的传播受众通常是一个细分的垂直群体，他们是专业人群，这就要求传播时需要精准思维，用普通B2C的传播手段无法精准地实现覆盖，需要构建全场景、全链路的公关传播体系。

你一副高不可攀的样子，客户就会对你爱理不理。

从内容上来看，B2B企业的传播内容通常比较偏技术，和大众相距甚远，大多晦涩难懂。内容大多都是从客户的业务场景出发，从解决方案的逻辑出发讲述，甚至夹杂着很多专业术语和技术参数，不是大众喜闻乐见的内容，也不太可能引起大众的关注和分享。

但是公关玩得好的B2B企业照样可以以优秀的内容和创意获得大众的关注，让品牌知名度提升，从而提升产品的口碑。

2020年疫情期间，由于不能出门，企业实行在家办公，学校实行网上上课，因此像企业办公软件钉钉、腾讯会议突然间爆红。但万万没有想到的是钉钉被小学生在应用商店打了一星，于是就有钉钉向学生求饶的视频创意，又引起了新一轮的病毒式传播。这次事件不管是真实发生的，还是钉钉有意策划的，对于钉钉品牌来说，都是一次很成功的公关营销，直接带动了用户量的激增和品牌知名度。

无独有偶，作为在线会议的腾讯会议，为了顺应广大网民"崩一下"的调侃，也在自家官微发布了"求崩"的助崩邀请，想在这个被历史铭记的时期崩一次，而且作为自家姐妹的腾讯云也疯狂助阵，鹅厂爸爸微博也来劝解，一时间也赚足眼球。看完热闹，大家才恍然大悟，没想到B2B品牌的公关也可以这么玩。

从场景来看，B2B企业的业务流程比较长，营销场景比较分散。与TO C公关要影响终端消费者不同，TO B公关需要影响的面比较广，对象也比较多，触达的维度和深度也不一样，总体来说分为对内和对外两部分：

第一，TO B企业公关传播的对象

目标客户：这是TO B企业公共传播的重点对象，也是企业的埋单对象，目的就是要宣传企业的品牌，增强品牌信任感，形成品牌认知，沉淀品牌美誉度。

行业伙伴：通过TO B企业公关传播，形成行业卡位，这个很重要。在一个行业里一定要有卡位意识，卡好位就是这个领域的领头羊，每个行业一般都有先入为主的优势。

协会联盟：不管是个人还是企业，都要找到自己的组织，这就是圈子的力量。对于每一个行业来说，协会或者联盟一般情况下不会给你带来质的提升，但是会给你带来一些隐性的价值。比如资源共享，时不时给你发个奖之类，做好了他们的公关，有好处时才会时刻想着你。

行业媒体：一般每一个行业都有一个相对应的行业垂直媒体，他们承担着行业观察者的角色，运用好媒体力量会让你的品牌营销工作事半功倍，运用不好会让你的品牌臭名昭著。同样的，对于一个 TO B 品牌来说，媒体虽然不一定能够成就品牌巅峰，但是绝对可以毁灭一个品牌。

经销代理：经销代理商也是我们重点公关的对象，把这一群人影响了，才会有更多的人加盟到你的事业中来，才会有更多的加盟商成为你的中流砥柱，成为你铺开市场的有生力量。所以要针对他们，不断地输出企业的价值观和理念。

主管机构：在中国，主管机构往往决定着一家企业的发展命门。只有做好了主管机构的公关工作，企业才会在资质办理、奖项评选、推优活动等各种评选活动中脱颖而出，顺利入选政府采购名录，有些资质甚至会成为招投标的砝码。

内部员工：内部员工也是企业公关传播的重点，“攘外必先安内”，这句话放在企业公关传播工作中再适合不过。企业要影响行业、影响客户、影响政府之前，首先应该影响的是自己的员工，只有企业自己的员工保持一致的价值观，才能够死心塌地地为企业工作，从而满足获得感和认同感，开拓更大的市场。

第二，TO B 企业公关传播的目的

TO B企业做公关，在不同的发展阶段有不同的侧重点。

在做公关传播的时候，我们一般把一个企业分为初创阶段、发展阶段、成熟阶段，每个阶段的传播重点和目的是不相同的。

初创阶段：很多 TO B 企业刚刚创立，也没有自己的成熟产品，业务模式也可能没有完全走通，也没有形成自己的标杆案例，这个时候，企业应该如何做公关传播呢？在企业初创时期，公关传播的目的主要有两个：一是融资，二是招揽人才。

对于初创企业，通过企业的公关传播，一是推广企业的商业理念与商业模式，以及公司的优秀创始人，或者以前的从业经验和成果，或者发明专利等，吸引投资机构注意，获得更多的融资机会。毕竟任何企业在初创期都需要资本，除非是脱胎于大的资本集团。二是通过传递企业的价值观，讲述企业故事，吸引更多优秀人才的加入。招揽人才是初创企业公关传播的重点，因为对于初创企业来说，优秀的人才是企业获得快速发展的基石。

发展阶段：这个阶段，企业经过最初的草创期，已经上市了核心产品，并且有了一些种子用户或者“天使客户”，业务场景和产品价值得到了验证。这个时候，需要对产品进行大规模的推广和复制，争取更多的客户，提升订单的增长和业绩的增长。

在企业发展阶段，最主要的是要解决持续增长的问题，所以这个阶段 TO B 企业的公关传播重点应该放在产品和业务推广上面，让更

多的目标客户群体知道到你的产品，从而产生客户信任。

另外，这个阶段也要注重在行业的细分领域的产品卡位，不断地为产品发声，让产品在某个领域成为代表性的产品，成为某个领域的“标签”。比如一提到企业办公我们首先想到的是钉钉一样。

成熟阶段：这个阶段，企业经过一段时期的积累，有了持续稳定的订单量，形成了成熟的业务模式，在市场和行业里也形成了一定的影响力。不管是业绩的持续增长，还是品牌影响力的提升，都是处于稳步上升的阶段。

这个时候，企业有了更加宏伟的发展目标，大多数企业会启动上市计划，那么这个阶段 TO B 的公关传播坐享其成就可以了吗？当然不是。

TO B企业在成熟时期，公关传播也要有自己的“功守道”。也就是企业品牌传播在突飞猛进的同时，也要注意防患于未然，做到攻守兼顾：一是通过持续的公关传播，加深品牌印象，持续占领目标客户的心智，让品牌保持长销。二是要注意品牌声誉的管理，这也是我们通常说的舆情管理。

尤其现在是自媒体时代，每个人都是内容的生产者和传播者，企业发展壮大了往往会“树大招风”，有些意想不到的突发客户事件或者员工事件，都会在互联网上发酵、扩大，对企业的长远发展产生致命的影响，损毁企业的形象和声誉，甚至会降低品牌的信任度，对企业的业务产生影响。也不排除“恶意诋毁者”对企业的抹黑。所以在这个阶段，需要对企业的不良信息建立实时监测机制，进行常态化的清理和维护，捍卫品牌的声誉，扫清企业上市路上的障碍，保障企业长远顺利发展。

第三，TO B 企业公关传播方法论

TO B企业公关传播的方法可以概括为五个词、15 个字：标签化、场景化、跨界化、终端化、事件化。

1. 传播标签化

因为 B2B 企业的传播对象是企业，是专业人群，他们比 C 端的大众更加要求专业性，所以与其说是“标签化”，不如说是“造概念”。B2B 企业传播的标签，更多的是一种新概念，它同样需要符合行业发展的大势、满足客户的需求，需要有自己的优势所支撑，需要和竞争对手的标签形成区隔。比如金蝶、阿里云、华为等企业在标签化营销传播上可以作为典型的案例来研究和学习。

案例一：金蝶为自己的管理新世界提出的标签是“人人财务”，金蝶集团创始人徐少春在 2018 年 5 月举行的金蝶财务管理新世界启动会上表示，当下 80% 重复性、基础性会计工作最终将会被人工智能替代，实现“无人会计”，但财务不会消亡，重要性反而更加凸显，60% ~ 70% 的核算会计将成长为业务财务。

在财务与业务的围墙被打破后，徐少春指出“无人会计，人人财务”将会是企业财务管理的下一个方向，也是金蝶财务管理新世界的核心理念。

案例二：阿里云是不得不说的树立标签的典范："去IOE"。它在阿里云的崛起中起到了至关重要的作用。2008年，王坚从微软亚洲技术研究院空降阿里巴巴，担任首席架构师。这个在阿里巴巴内部被尊称为"博士"的首席架构师并非程序员出身，是一个不会写代码的架构师，但是正是这个不会写代码的首席架构师却提出了一个让阿里内部震惊的概念："去IOE"。即在阿里的IT建设过程中，去除IBM小型机、Oracle数据库及EMC存储设备。

不得不说，"去IOE"是一招妙棋，它顺应了设备采购国产化、自主研发的大潮流，也让阿里巴巴成为IOE到自己的云计算（阿里云）的样板，对阿里云起到了最好的宣传推广作用。于是，在2013年"棱镜门"事件后，政府、金融等对IOE敏感的行业开始走采购国产化路线时，阿里云成为最大的受益者。

案例三：华为云的标签设定也比较独特。在公有云市场，华为云进入较晚，为了凸显自己的独特性，尤其是和那些领先的互联网公司形成区隔，华为云提出了"三不"的标签，即"上不做应用，下不碰数据，不做股权投资"。华为云树立的标签，并不是自己要成为什么、要做什么，而是不做什么。这种方式凸显了自己的态度，即恪守与客户合作的边界，有所为有所不为，对于其赢得客户的信任起到了重要作用。

——资料来源于网络

所以，对于B2B企业来说，标签化传播比B2C企业更加有强烈的急迫性和重要性，这个标签往往代表着企业对于整个行业未来走向的判断，正确的标签将凸显并持续强化企业品牌在行业中的领袖地位，将竞争对手甩到身后。

2. 传播场景化

场景化传播的目标是通过成功案例的输出，树立典型的标杆。在B2B传播内容上，没有比案例传播最有效的方法了。案例传播的本质是树立标杆，对其他客户和潜在客户形成强烈的示范作用。如果说标签化传播是造概念，是务虚的话，那么场景化就是将概念具象化、是务实。但是，长期以来B2B企业的案例传播却不尽人意，存在着三大问题。

问题之一：自说自话，毫无代入感。大多数企业对自己经典案例的讲述往往是从产品本身出发，从服务内容本身出发，而往往忽略了客户的感受。这就让案例更像是自说自话，是一种“自我陶醉”，总是说自己有多厉害，而不是讲能给客户带来什么价值。在这一点上，我们有必要借鉴一下电视购物，客户生动的现身说法更容易使人产生代入感。

问题之二：枯燥无味，缺乏可读性。企业的案例大多是技术参数的列举，服务事实的枯燥陈述，好像在讲一件跟自己毫不相关的东西，更像是学术报告或者项目说明会的材料，而忘记了我们是为了打动客户。客户是有血有肉的人，不管是TO B还是TO C，注重客户体验都是必要的，要将案例演绎成一个引人入胜的故事。

问题之三：缺乏新意，表现手法单一。营销传播是最喜新厌旧的活，因而要不断地给客户新鲜感。大多数案例基本上采用文字的方式，汇编成案例集或者案例册，做成设计稿或者PPT的都屈指可数，更别说短视频、漫画、GIF图、H5等流行的表现手法。这点应该借鉴B2C企业传播丰富而好玩的形式。

以上三个问题制约着B2B案例传播与场景化传播的效果，要想很好地树标杆，就要从以下三方面转变：

转变一：变“企业视角”为“用户视角”。客户永远是传播的主题，所以多讲客户的故事，带给客户的价值，将自己的技术解决方案、自己的角色软性植入，太过于急迫地硬性植入自己，反而会起反作用。

转变二：多讲故事场景，少讲技术产品。传播需要市场化的语言，每一个案例都是一个鲜活的客户故事。与其给客户喋喋不休地讲解产品和技术，不如给客户还原一个场景化的故事。故事化传播天生具有吸引力，笔者认为比较重要的是细节、数字和冲突。细节能让故事生动，数字能够引发客户关注，冲突能够让故事好看，增强记忆点，让客户在故事中感悟到要解决的痛点和品牌的价值。

转变三：借鉴TO C方式，有用且有趣。传播信息不能局限于文字，我们应该尝试更多的可能性，更多的形式，比如图片、漫画，甚至是短视频。这些都是客户喜闻乐见的形式，也是客户乐于接受的形式。作为营销人，我们不应该强加给客户不想看的内容，而应该琢磨客户喜欢什么，更容易接受什么。

在案例传播方面，金蝶所推行的“中国管理模式”有很大的借鉴意义。

金蝶是做管理软件的，常规的案例传播是去讲客户在使用了自己的管理软件后带来了哪些改变。但是这样的传播看起来太像是直接的软文或者广告，格局和维度太低。金蝶是如何做的？

它提出了一个“中国管理模式”的新概念（标签），而且联合国内六大知名院校的商学院一起，以“让中国管理模式在全球崛起”为志，发起“中国管理模式杰出奖”的遴选活动。通过这一公益奖项，金蝶和各大商学院教授已经走访了上百家在管理模式领域获得杰出成就的中国企业，并梳理、提炼、传播他们的管理案例。

这是一个非常妙的案例传播方式。首先，它将“管理模式”上升为“中国管理模式”，彰显了大国自信，极易引发国人的共鸣。其次，宣传管理软件和推广管理模式，是两个不同的层次。

再比如，曾经获奖的德邦快递，主要是其“亲情 1+1”的福利制度，“每月，从员工的工资卡拿出 200 元，公司再单独拿出 200 元，全部寄给她的父母。”通过营造亲情关系来提升公司的凝聚力。而这最终升维为“中国式人本管理”，背后就是金蝶的 IT 系统带来的高效支撑。

——资料来源于网络

对于 B2B 企业而言，场景化的案例传播是一个传播利器，应该重新思考它的价值和传播方式，运用现代化的传播工具，与时俱进，进行改进，提升效果。

3. 跨界传播

B 端企业品牌传播除了依托自身资源进行标签化、场景化传播以外，还有一个重要的途径和方式就是联合传播，开展跨界的玩法。目的就是要尽可能地联合一切可以联合的力量，将自己的标签最大程度地进行扩散。

首先，我们要盘点一下哪些是可以联合的力量。一般媒体、意见领袖、政府与行业协会、研究机构、客户、员工、最终用户等，这些所谓的利益相关群体都是可以联合的力量。

B2B 公司的传播，也特别要借助咨询公司和研究机构的力量。例如：在云计算领域，Gartner、IDC、Frost & Sullivan 等咨询公司都会定期发布相关的报告，我们可以通过联合，在报告中占得一席之地，将是借势传播推广的有效杠杆。

当然，你也可以和咨询公司联合定制报告，一定要注意，这种定制报告要客观，可以只说一个侧面，但是不能造假。

案例一：IBM 的“I’m IBMer”系列内部海报，是借助员工的力量。它通过漫画的形式展示了真实员工的工作内容，让大家相信，IBM 可以真正影响到生活、社会的方方面面，让生命、世界变得更美好，刺激员工产生内容。用现在流行的方式说，就是把员工打造成个人 IP，培养很多企业内部的意见领袖，让每个员工都为 IBM 代言。

案例二：我们上面说的金蝶的“中国管理模式”也特别注重“跨界玩法”。

其一，和知名的管理学家等管理界的意见领袖结盟，中国管理模式杰出奖遴选理事会由成思危支持发起，北京大学陈春花教授等知名管理学教授参与，后来它又升级成为中国管理模式50人论坛，由25位管理学者和25位企业家组成。

其二，与企业家结盟，中国管理模式评奖得到了复星集团郭广昌、格力电器总裁董明珠、摩根大通中国董事总经理龚方雄、万科集团董事长王石、中国节能投资集团董事长王小康等企业家的力挺。

其三，和中国人民大学、东南大学、中央财经大学、北京工商大学等国内顶级商学院结盟，得到他们的支持。

其四，和中央电视台（央视）结盟，金蝶联合央视摄制了大型纪录片《公司的力量》，并在央视2套播出，引发了广泛的关注。之后，金蝶和央视又联合推出过《发现中国管理模式》的系列特别节目。

这种同盟，也可以是和自己的产业链“完全无关”的企业，也就是我们通常意义上说的“联合营销”。

——资料来源于网络

接下来，我们详细来说一下联合营销。联合营销需要注意四个思维：

第一个是用户思维，即做联合营销时不应该只是为了创意而创意，而是应该聚焦用户。品牌之间做联合营销，要“门当户对”，就是指品牌所处的领域不同，但是目标用户却应该是一致的。

第二个是点思维，即不求面面俱到，而要在关键点实现突破。这个点就是你树立的标签。

第三个是产品思维，即将联合营销产品化。联合营销基本上做完一个活动就归零，无法实现沉淀，如何用产品化和运营化的思维将联合营销变成阵地就很重要。

第四个是开放思维，就是只有改变竞争思维，变成开放思维，才能真正实现好的联合营销效果。

4. 终端化传播

终端化传播就是面向最终个体用户的传播，不管是企业还是政府，最终都是由人组成的，所以从某种意义上讲，终端化传播就是面向 B 端的“C”位传播。很多人会奇怪，既然是 B2B，为什么要和 C 发生关系呢？原因有两个：

第一，B端企业和所在的客户立场是一致的，都是要给最终用户带来价值。

第二，B2B 公司的最终传播对象也是客户公司中的个人。

终端化传播虽然传播的对象是企业，但是必须做出针对人的个性化传播，否则只是冷冰冰的以机构的方式来做传播，很难做出效果。

正如我们之前所说，B2B 传播之所以难，是因为内容太专业、太难懂，目标受众太垂直、太小众。这个时候，让传播走向大众，将能让专业的内容通俗化，让尽可能多的人认识你、了解你，用你的客户的“客户”来倒逼你的客户。

终端化传播要求传播的内容要尽可能好玩，如果自己所在的领域太过于专业、难懂，那么是不是可以和大众都熟悉和喜欢的娱乐、文化等领域进行跨界？

英特尔与李宇春的跨界就值得学习。2017 年 10 月 27 日，英特尔联合李宇春工作室发布了《今天雨，可是我们在一起》MV。在这支 MV 中，英特尔通过实时 3D 人脸重建技术在李宇春的脸上合成出了雨水、波纹等各种特效，和 MV 场景实现了完美的融合。

具体来说，英特尔通过摄像头来检测和识别人脸，定位 78 个关键点，实时跟踪头部运动和面部表情变化，对图像进行智能分析和特征提取后，再通过运算将不同的特效叠加上去。

这和传统的 B2B 营销是不是有很大的不一样？对于这种 AI 技术，传统的 B2B 营销或许会去说技术的优势，或者最多去说 AI 技术在一些专业领域的应用，但是英特尔就将 AI 技术与娱乐进行了跨界，通过这种跨界，让自己走出了专业的技术圈，借助娱乐进入大众的视线。

5. 传播事件化

事件营销也是公关传播中一个很好的手段，运用得好可以起到事半功倍的作用。B2B 公司金蝶从 2014 年开始，基本上在每年的“五四”

青年节都会通过“砸东西”来阐释自己的战略。

2014年5月4日，金蝶集团创始人徐少春在北大砸掉笔记本，推行移动办公方式；2016年5月4日，徐少春砸掉办公室，号称打破组织边界，实则再次强调推广移动办公；2017年5月4日，徐少春砸掉了“ERP”，砸掉了象征老板身份的办公椅，砸掉了CEO的身份，目的是推广金蝶的云计算；2018年5月4日，徐少春砸掉了代表财务管理旧世界的围墙，目的是推广“无人会计，人人财务”。

——资料来源于网络

相比新闻稿、媒体交流会、案例传播这些常规的传播方式，这一“砸”极具冲击力，也自带话题。

华为云在广州白云机场T2航站楼打造的“云之道”也是B2B企业走向大众的一个传播案例。2018年4月26日，广州白云国际机场T2航站楼正式投入使用。在这个航站楼二层，华为云和白云机场携手，打造上演了一场实时进行的多媒体视觉灯光秀。

——资料来源于网络

不得不说，“云之道”这个创意很棒！白云机场和云计算、华为云，都包含“云”，异曲而同工；云之道，选择的是白云机场T2航站楼的枢纽通道，客流繁忙，是最好的展示场所；加之白云机场T2航站楼新开通这个“天时”，公众关注度高。天时、地利、人和放在一起，让云之道成为最美地标。

B2B企业也可以尝试B2C企业传播所用的病毒式营销，尤其在愚人节的时候，更是绝佳的机会。因为愚人节大家普遍意识里接受“不正经”的营销内容，这个时候，借机做些病毒式内容，既走进大众，又不用担心被说不专业。

阿里云特别深谙这一点，在愚人节往往会发布视频，通过一些奇思妙想来展示自己的技术。

2017年愚人节，阿里云发布了一个《史无前例的生物计算，阿里“云计蒜”》视频，宣称自己研发了一款新产品：一颗蒜，这颗蒜叫“云计蒜”。阿里云是这么介绍这款产品的：阿里云根据大蒜研发了一个超级云计算系统——云计蒜。它绿色、环保、安全，蒜群通过光合作用就能进行庞大复杂的计算，运算能力超越现有任何普通云的处理速度。

——资料来源于网络

虽然是愚人节的玩笑，但却展示了自己的奇思妙想，树立了自己技术的标签，让高高在上、冰冷的技术公司走入了大众视野。这样的玩笑还是可以开的。

第四，TO B 企业公关传播的媒体选择

目前，就中小企业所在的 TO B 品牌领域来讲，常见的媒体平台有：

1. 行业网络媒体

随着国内互联网应用的日渐普及，网络营销已经成为 TO B 品牌影响力拓展的主要舞台。由于 TO B 相关从业者普遍受教育程度较高，网络应用能力较强，越来越多的甲方通过网络来了解公司背景、产品信息、技术参数与价格比较等。

与此同时，越来越多的 TO B 企业选择了通过增大网络媒体曝光率来强化自身的品牌影响力。经过多年的探索和发展，互联网行业媒体已经在 TO B 品牌推广的平台中占据了半壁江山，网络平台的渗透和覆盖能力甚至已经形成了超越平面媒体的态势，甚至有逐步减少传统行业媒体的广告投放的趋势。

我们熟知的有组织网络技术研讨会，充分利用百度联盟、百度百科、百度知道等内容铺设、官方网站 + 博客群，建立 B2B 类网站主页，组建 QQ 专业群组等形式。

2. 移动新媒体

新兴媒体是相对于报刊、户外、广播、电视四大传统意义上的媒体而言的，互联网和手机平台都是“第五媒体”的典型代表。微信和微博更是当下 TO B 新媒体营销的热点话题制造者。

3. 行业期刊媒体

行业杂志是目前 TO B 企业应用比较广泛的一种媒体合作形式，一般由政府主管部门、行业协会及拥有深厚行业资源的企业出版发

行，具有特定的发行渠道和目标读者群。

TO B企业可以根据品牌推广的需要，通过深度的公关稿件来提升品牌影响力。行业期刊有时还会利用所拥有的行业资源，为企业提供购销对接会、新品发布会等定制化的服务，包括刊登广告、登载企业专题文章、组织专题采访、组织购销对接会等。

4. 产品选型目录

这是比较传统的一种品牌推广方式，多针对设计院、高校等研究和设计部门，也有一些政府机构，比如公安部、工信部等软件产品采购目录等。但随着网络和检索软件技术的不断发展，产品选型手册所产生的影响力有式微的趋势。

5. 企业自办媒体

企业如果有能力自办媒体，哪怕是一份电子刊物或者一份定期发行的企业简报，对宣扬企业经营理念和文化、推广企业产品、阐明差异化优势无疑具有“四两拨千斤”的作用。

TO B企业公关传播是一个系统的工作，需要基于企业的品牌战略，在相对正确的策略之下，不断地反复优化、反复打磨、反复摸索出一条适合自己的传播之路。

第四节　专家策略：打造创始人特定人设与标签

《说服与认同》一书里面有一句话：“领袖应该扮演先知、战略家、大英雄乃至神之子的角色，料事如神，用兵如神，凡事如有神相助，连失败都是为了实现或创造一个奇迹”。我对这句话记忆尤为深刻。

对创业公司而言，关于创始人的包装和营销应该优先于企业和产品，这是一条低成本的品牌上位之路。创始人是企业最好的代言人，当创始人的粉丝达到一定级别时，可以适时地将粉丝转化到产品上，这是成本最低、效果最好的一种营销方式。比如老罗，相信他傲慢和偏执的品牌风格让大家都印象深刻。

对于 TO B 企业而言，创始人包装显得尤为重要。因为在 TO B 行业，信任是天生的壁垒。在很多时候，创始人往往是企业的超级销售员，创始人的光环甚至可以成为赢得客户信任的基础。

绝大部分创业者都是通过努力成为了有足够社会阅历的职场精英，通常也算是某一方向的专家，特别是带有年代标签的 90 后、95 后更有话题性。尤其现在新媒体时代，有码字习惯的创始人可以先通过分享干货、管理心得等写文章的方式持续对外发声。如果遇到不善码字和自我输出的创始人，需要结合企业定位挖掘身上的标签，将这些标签提炼成创始人的故事。

因为在这个信息过剩的年代，能吸引人往下读、能让人记住的只有故事，让这个故事帮助创始人进行对外的传播。

第一，四个方向挖掘创始人标签

方向一：挖掘创始人的个人经历。媒体记者跟大家都一样，热衷于去好奇有着名校、名企高管、成功创业经历背景的创始人，因为他们的生活往往会更加的有趣，他们的观点和言论更能给人一种睿智的感觉，也更能给人带来启发，提供独特的视角与独家信息。

这就是很多创业团队标榜自己是硅谷、华尔街等从业经历的原因，因为人们更愿意相信被验证过的事实。

方向二：挖掘创始人的个性特征。挖掘出创始人个性化的一面，这样更能让人记住它。挖掘创始人个性化的一面，你可以请了解他、熟悉他的朋友来一起帮你梳理，把和他所做的事业有关联的个人经历和性格因素挖出来，用他曾经做过的事和说过的话来支撑个性特征。比如很多创始人把自己塑造成偏执狂一样的“技术极客”或者“产品工匠”，或者充满文艺情怀的理想主义者。

方向三：挖掘创始人创业过程中的曲折。创业就像电影一样，剧情并非一帆风顺，有低谷也有高潮。大家在网上看多了成功后的方法论，可能会对企业家在创业过程中遇到的困难更感兴趣，比如融资失败、用户增长缓慢、人员流失、服务器宕机、合作伙伴毁约等。挖掘创始人在创业时曾经的艰难时刻以及如何渡过难关，会让他更能体现出具有成功创业者的坚持和攻艰能力。

方向四：挖掘创始人的创业初心。不管是为了改变世界，还是为了改善百姓生活，抑或者是为了改变行业格局，有创业初心的创始人能让人觉得他的创业更有成功的可能，也更富传奇色彩。我们可以把它理解为创始人做这款产品的初心，它就是对外传播创始人的故事本身，这些闪耀着人性光芒的魅力会让创始人的形象显得有血有肉又具有趣味性。

比如格灵深瞳创始人赵勇在《谷歌创业帮》一书中提到自己的初衷是“不想等它成熟了才回国创业，我要让它成熟”（它指的是一套基于计算机视觉和模式识别的技术），而有的创业初衷很接地气的真实，就像陌陌的创始人唐岩说的“创业一定要为了钱，刚开始一定是奔着钱去的”。

第二，创始人人设打造包装的策略

TO B企业创始人包装我们要从立志、立言、立行、立世等方面来策划，完成创始人的人设定位。

立志：即创始人的初心与梦想。几乎每个优秀的创始人身上都隐喻了人类共有的英雄人格。创始人的人设一旦确定，就不是他个人的事，而是企业文化的代表者、引领者，是集体共同信念的化身、英雄。

创始人在“立志”上要解决追随者的身份认同和目标聚焦的问题。解决这个问题靠的是领袖输出的价值观。所谓在其位谋其政，宣传者首先要塑造和强化领袖名副其实、胜任本职工作、开拓行业格局的形象。无论企业老板还是个人，都要善于制造共同体信念的符号，从而自利利他，互惠其蒙。

立言：即创始人的基本理念和观点。企业领导人其思想具体表现在其专业观点和生活观点两个方面，一般来说，企业领导人的语言往往内涵深刻但语言不够概念化，需要进行提炼和拔高，以使其生动且易于记忆。但凡是在历史上留名的人物，都会留下点什么。古人讲“著书立说”，所以打造创始人 IP 的最好方法就是出一本书，只有文字的东西才是具有传播价值的。

立行：即创始人的行为和做的事情。主要指其行为，即其做了什么事、参加了什么活动等，这方面一般是根据领导人的核心定位策划出来的。一般创始人的行为不仅仅是个人行为，他的行为代表的是企业的行为，代表的是企业文化和价值观，所以创始人的行为是需要策划和管理的。不仅仅要多参与一些行业的活动，更重要的是要参与一些社会类的活动，比如慈善活动、公益活动等，从各个方面来体现企业的价值观和文化。

企业创始人参加活动，一方面通过演讲等方式，对外界传达的是对行业的理解、见解、改变，另一方面更要传达企业的社会责任，企业的社会责任，往往创始人是第一责任人。

立世：即创始人给人的直观感受。包括领导人的发型、着装、神态、动作、声音等基本范畴，其职业形象通过具体的社会行为和最终的媒体报道呈现在大众面前。在这里，企业创始人要通过公益活动、慈善活动等一些具有社会责任感的行动，体现立世的价值使命。

第三，创始人传播内容策划的基本方法

TO B企业的创始人包装传播的基本方法和流程主要包括定位、执行、传播三个大的流程。

定位：定位科学化、形象一致化、内容方向化。

首先要根据企业领导人本身的特点，结合企业的品牌定位和社会及消费者对该行业的基本期待综合确定，最终目的是找到领导形象的独特性定位。

典型的职业领导人形象大体可以分为四大类：业界领袖型、成功企业家型、第二代企业家型、职业经理人型。比如马云是业界领袖型定位。

执行：语言概念化、活动热点化、出场权威化。

从策划的角度来说，就需要对企业家的思想进行概念上的深化和包装，以使其语言具有生动性和记忆点，符合信息传播的基本特征。

从策划技巧上，要保持“与社会热点的相关性”，以达到借势营销的目的，让创始人处在话题热点的中央，但是务必谨言慎行，反复斟酌。

此外，企业领导人出场的方式很重要，比如演讲嘉宾、创业导师、专家评委等，一定是与自己的身份相匹配，与自己的定位相匹配，不是所有的活动都不加选择地出席。

创始人亲自披挂上阵，输出内容与观点是最直接的方法，也可以通过迂回的方式，以第三者的视角来输出创始人的观点看法。比如还可以通过专家学者、社会名流和新闻记者等中立的第三方渠道，加深权威性和影响力。

传播：活动传播化、媒体重点化、内容深入化。

有了定位和策略，接下来我们要做的就是传播。可以分成两个板块来讲。首先是传播内容，可以是文字、图片、语音，也可以是视频、课件、动漫、插画、条幅等，只要能产生传播效果，并且能吸引到用户，就是好内容。

第二个板块是渠道，传播渠道有很多，自媒体比如微信、微博、百度、论坛等，还有线下线上的一些活动，也是我们要额外关注的传播渠道，有内容有渠道，你就能吸引流量，通俗地讲就是你有粉丝了。

创始人 IP 化本身就是一个企业家个人品牌的建立过程，是企业品牌形象人格化的具体体现方式之一，这是其竞争对手难以模仿和竞争的，我们需要建立一套专业、系统的塑造与传播工具帮助创始人更好地认知与梳理自身优势，使自身的成长更加符合企业目标发展。

第五节　裂变策略：B端数字化营销增长新思路

裂变传播是最近几年比较流行的一种营销手段，但是它更多地在 C 端行业中应用，而在 B 端行业中应用得相对较少，是不是裂变传播在 B 端行业就不适用呢?

在 B 端行业，我们要重新定义裂变营销，从广义上来理解裂变传播的本质。

从表现上讲：一切可以引导用户传播分享的运营行为，都称为裂变。

从结果上讲：一切可以低成本、高效率、指数级获取客户增长的方式，都称之为裂变。

所以，没做过裂变的不用觉得陌生，做过裂变的也不要觉得会过时。因为裂变不仅仅是一个工具、一套方法，更是一种思维。那么，

B端裂变都有哪些主要方式？在具体的运营裂变过程中，有哪些常见的思维和方法？

第一，裂变的思维

首先，裂变的目的是最大限度、最低成本地实现获客。

传统的获客方式是通过触达有效目标客群，通过一定手段转化成有效商机，因此获客效率主要取决于有效客群的触达数量和转化率。因此，传统传播的转化效果更大程度取决于触达目标客群的基数。

而裂变传播要求转变思维，提升转化效率，极大地提高转化成果。因此，我们要通过提升传播指数和裂变系数来提升商机转化率。这里有三个重要的关键词，即有效人群、传播指数、裂变系数，也是影响裂变运营效果的重要因素。

有效人群：企业一般都会通过全渠道获客，不管是从官网咨询、社群运营、企业自媒体，还是广告、线下活动等触达的潜在客群，由于不同类型的人群需求不完全一样，因此在进行获客行动时，需要对人群进行具体的分类。除了分类外，我们还要一改以往的精准投放为模糊投放，因为投放过度精准反而会导致影响面变窄，不利于长期获客。

传播指数：传播指数主要取决于三个方面的因素，一是投其所好，策划能够符合用户偏好的内容进行触达，简单说就是投放内容的质量；二是通过线索培育与诱导，加速传播与销售，主要取决于执行过程中的细节是否到位，销售加速的方法是否科学；三是设置分享机制，保障传播链路，简单易操作、合理高效的传播链路会使得传播效果事半功倍。

裂变系数：取决于裂变传播的渠道、资源等基础实施的完善度和丰富程度。

第二，裂变的方式

那么，哪些裂变方式更加适合 B 端企业呢？

口碑裂变：当客户体验或者使用某种产品后，觉得这个产品非常不错，用户体验做得非常好，这个时候用户就会产生推荐亲朋好友使用的想法，并且极有可能在用户的社交圈形成口碑，这无疑是非常好的传播方式，几乎 0 成本地获取非常多的客户。但是口碑传播的前提是你的产品足够好，对用户有足够的吸引力。

邀请裂变：邀请裂变的逻辑是利用老客户的资源获取新客户，方式为通过一定的奖励吸引老用户转介绍，在给予新用户奖励的同时，也会给予老用户奖励，邀请者和受邀请都能够获利。

分享裂变：分享裂变的方式比较简单、容易操作，即分享后可获取产品或者服务体验或者试用，分享裂变比较常见的是社群裂变，在群里通过一定的福利激励用户自发分享。比如企业培训行业，可在社群中发布，分享给好友可免费获取某种课程的资源，通过分享的形式，让更多的人知道。分享裂变适用于那些边际成本为 0 或者接近于 0 的产品，比如上述例子，在线教育制作的课程被 1 个人领取和被 100 个人领取，并没有什么额外的成本增加，这样就可以用资源免费的形式做大量的分享裂变。

促销裂变：限时折扣裂变的意义在于促进客户在短期内成交。另外，自己成交后邀请其他用户参与或者成交，就可以得到佣金等其他福利，或者减价。

分销裂变：分销是利用客户的社交关系，让参与者不是享受到产品的优惠，而是能够赚到佣金，得到真金白银的实惠。

我们应该根据自己的产品属性和自己的产品优势及资源选择适合自己产品的裂变方式，从而快速获取大量用户。

第三，裂变策划执行

要实施一次成功的裂变传播，我们要从内容策划、机制设定、流程设计、系统搭建、数据分析五个方面来入手。

1. 内容策划

想要做好裂变传播，准备第一批精准的种子用户是非常重要的。如果你本身没有种子用户的话，就失去了做裂变的基本条件。而要获取种子用户一方面是企业长期积累的客户群体，另一方面是通过内容传播吸引的客户群体，如何策划出足够吸引客户的内容是裂变传播的前提。

裂变传播的内容是为了促使客户继续分享，或者转介绍，所以要能够调动客户的积极性。应该从以下四个方面进行策划，我们姑且把它称为“四有”原则。

有趣：内容首先要能够引起种子客户、二代客户的兴趣，所以不管从标题还是内容本身、表现形式应该具有趣味性，这样才会引起更多目标客群的关注。

有料：内容要言之有物，体现价值感，能够切中客户的需求要害，具有销售力。

有品：不管是排版还是设计，内容的视觉呈现效果好，颜值要高，处处彰显品位与品质。

有面：在策划内容的时候要给客户一个分享、转发、转介绍的理由，让客户乐于秀出去，感觉特别有面子。

2. 机制设定

裂变机制在很大程度上决定了获取客户增长的多少。如果你想要策划一场成功的裂变活动，首先就需要从以下三点来考虑，我们称之为“裂变三问”。

◆ 种子客户是否精准？

◆ 活动赠品价值是否高？

◆ 隐性裂变机制特点有没有？

另外是活动参与的门槛设置，门槛设置得太高会没有人参与，门槛设置得太低有可能会吸引一些无效的客户，如何设置门槛需要反复推敲。

3. 流程设计

对于B端裂变传播来说，可能整个流程细节由于活动的目标会有所不同，但整体的活动流程应该大体是相似的，一般可以分为：

◆ 活动准备预热：创建活动营销落地页，设置好裂变机制并进行测试。

◆ 召集种子用户：选择种子用户传播渠道，启动裂变活动和传播流程。

◆ 活动推广扩散：种子用户生成推广海报或者推广活码，开始裂变传播。

◆ 裂变成功用户：首批受众领取任务带来新用户，获取参与资格，依次循环 。

◆ 线索加速销售：提供体验活动或物品给获取的新用户，进行销售跟进。

◆ 循环裂变持续：在前次活动的存量用户基础上，策划设计开展第二个裂变活动，依次循环。

4. 系统搭建

裂变传播是基于创意和技术的融合，需要搭建一套完整的裂变传播系统，实现整个运营过程形成数字化，对整个运营过程进行自动跟踪管理，这就是我们经常听到运营自动化，最终形成“私域社交化流量池”。

目前提供运营自动化软件的供应商比较多，如果企业有实力，也可以自行搭建，如果是中小企业可以考虑用第三方软件。

系统可以实现客户数据管理、客户互动管理、运营自动化和数据分析的全生命周期的管理。有助于运营人员对客户的画像分析，进行潜客培育策略的制定，自动化完成客户的邮件、短信、微信等互动，有助于整体把控整场运营活动的节奏。

5. 数据分析

每一次裂变传播，我们都要实时关注数据的变化，关注数据分析的记过，以便于我们及时调整策略和创意，优化我们的机制和流程。

一般情况下，我们应没法保证每一次裂变传播都会获得成功。在没有执行之前，我们是无法预知活动的效果的，所以为了保证运营的效果，降低活动的风险，我们通常都会准备A、B两套方案进行测试，选择出效果好的一套方案来执行。

数据分析的维度是由我们最初设计的目标来决定的。我们通常会在运营之前设定这次活动的目标，且这个指标最好是唯一的。对B端裂变传播来说，我们的指标始终是围绕获客来制定的，这是我们唯一的“北极星指标”。为了达成这一北极星指标，我们也会设定一些数据分析的维度，它们是影响指标达成的重要因素。

第四，裂变注意事项

对于一家企业，在没有种子客户的情况下，如何冷启动开始做裂变传播？这个时候首先应该将企业员工、合作伙伴、老客户用起来，推进“全员运营”，利用他们的“私域流量”进行第一轮的裂变，尤其是员工数量较多的全国性大型企业，这个方法是一个不错的选择。

但是启动全员运营是一把双刃剑，需要谨慎使用，保持克制的态度，对于KPI考核也应该以激励为主，激励以过程指标为主，比如转发、集赞、分享等数据指标，而不太适合以最终的销售指标为考核点。

B端企业裂变传播没有C端的裂变传播那么立竿见影，不会很快产生交易或者购买行为，但是不失为一种获客和客户管理的方法。裂变传播要跟其他内容运营、SEO、广告、公关等联合起来应用，才能达到比较好的效果。

这里要强调一点的是，在做裂变之前，你应该先建立自己的裂变传播清单，把这一次活动中所有要用到的工具、物料都写下来，一项一项地去执行，照单去执行到位，这样才能在裂变活动中有条不紊、顺利地开展。

有时候往往我们的一个失误，便有可能影响整场裂变活动的效果，正所谓失之毫厘，谬以千里。所以，注重细节是裂变传播的重中之重。

第六节 运营策略：B端品牌IP化增长的道与术

任何品牌营销的终极目标都是成为经久不衰的IP。

品牌畅销只是品牌营销成功的第一步，品牌IP化才是品牌长销的保障。

品牌营销的重点除了“价值观”的打法外，其实还在于把握用户与内容的变化趋势，与目标客户建立价值、情感共振，如此才能让品牌从“被看见”到“被喜欢”，以持续提升品牌力。

品牌IP化是品牌营销的长久之计，也是品牌营销的持久战略。也许许多年后，企业的产品早已更新换代，老的产品已经退出市场，新的产品陆续推出市场，但是品牌不会变，依然会获得客户的认同，客户依然会埋单，这就是品牌IP的魔力。就像IBM，我们现在谁能清晰地说明白它的主营业务到底是什么？但这并不影响行业、客户对它的信任，这就是品牌IP的力量，“IBM”已经成为一个文化符号，一个科技领域的IP。

第一，品牌IP化让品牌成为一个文化符号，而不是一个产品的代名词

在未来很长一段时间内，企业会同时遭遇内需残酷竞争和外需大幅萎缩的两重困境。如何将客户的需求引导向自己，将是重中之重。而IP化能提升品牌情感力，建立与客户的深层情感连接。

品牌IP化的目的是让品牌成为一个文化符号，而不是一个产品的代名词。但是IP化品牌不同于纯IP内容，IP化品牌的本质还是品牌，其目的依然要体现企业的文化价值和社会价值。

IP化的品牌一般经受了时间考验成为行业的标杆。但是我们清楚，这是不是一件容易的事。首先，需要企业对行业、对社会有某些重大创新影响，通常这种企业可以直接形成品牌IP。其次就是品牌经历了足够长的时间考验，拥有了一定的用户基础和较高的粉丝关注度，积累了大量用户与品牌的互动故事，久而久之就能成就IP。

比如乐高本来只是个玩具品牌，但它做乐高大电影之类的东西，其实也顺理成章。还有我们熟知的迪士尼，不管后面它跨界做任何事情，都会有人买账，在商业合作中占据了优势资源和话语权，因为它们已经成为一种文化符号，不需要解释，不需要说服就可以使人信任。

第二，品牌 IP 化让企业成为社会化的企业

每个企业，无论规模大小，都应该意识到自己的“社会化公益”角色，为此，企业应当更主动地承担社会责任，在社会协作体系中明确自己的位置，这样才能长期应对生态环境的挑战，去帮助社会完成任务，这也是核心竞争力的一部分。

社会化企业需要有回报社会和改变社会的初心，并树立开放的精神和与社会充分协作的机制。不能仅仅考虑自己的本位，而要以开放式的姿态，更高效、更敏捷地响应社会需求。

很多企业热心公益，在为社会做出贡献，而这些社会化公益的事，同时又帮助了技术的进步，智慧化社会的进步。

比如，在疫情期间，一批互联网企业，为了让人们更快、更方便地得知疫情、规避疫情，做了大量的技术开发，有很多是过去从未做过的，都得以通过这次危机以最快的速度实现。

社会化企业的搭建非常有助于 IP 化角色的养成。

一个企业的 IP 化角色，不应该只是娱乐的，还应该是有责任心的。IP 化角色的成功关键是共情，和客户的情感产生共振。当一家企业自我督促成为社会化企业时，自然更可能成为有文化价值的企业，成为 IP 化的企业。

企业每做一件对社会和民众有益的事情，都会为自己的文化魅力添砖加瓦。如果有企业能够更进一步，将社会化角色明确、长期落实到自己的企业行动中，并通过 IP 化内容、角色表现出来，从知行合一到心相合一，就能真正成为 IP 化品牌。

第三，品牌 IP 化更注重挖掘品牌精神内核

希望想做 IP 化品牌的企业，不要只是着眼于一个形象的媚度，或者只关注一些表情包的取悦度，或者只是从视觉效果上进行传达，这样不可能做出 IP 化品牌。真正能帮助品牌 IP 化的内容，是有文化属性和精神意义的，是能为客户创造价值的，就像《士兵突击》里面许三多去做很多有意义的事一样，内容可以笨拙一些，但要感动人心，并且和企业的行为一致。

在以后 TO B 产品和服务过剩的时候，客户不仅仅是因为产品而合作，还可能是为了追求他们所期待、所向往的工作方式，或者认可企业的社会价值。在这个情况下，原来客户对产品追求过程当中的一些功能导向、价格导向，迅速地让位于精神、情感、心理性价值、精神性价值导向，因为这些东西能够给用户更多的精神享受、感性层面的价值。

就像区块链的分布式计算、去中心化的思想和理念，在众多客户心中被认可，才能真正扎下根，成就文化 IP。

第四，品牌 IP 化要抓住新场景新机遇

想做 IP化品牌，就一定要抓住场景变革的机会，这将会是推动中国经济劫后重生、创新发展的重要动力。

新线上机遇：线上数字化生活、线上数字化办公是未来的趋势，尤其线上教育、线上办公、线上医疗等，而 IP 的发展一直和数字化进程息息相关，线上教育、线上办公、线上医疗有可能很快与 IP 内容、IP 角色深入结合。

企业新机遇：从企业发展的角度来讲，企业会加大拥抱数字化及文化的力度，保守者会有被淘汰的风险，创新型企业做品牌也会优先选择更 IP 化的发展方式。

文化新机遇：文化传统复兴和新文化的内容发展不会停止，反而会在新媒体、新数字化领域寻找新的爆发增长点，特别是在虚拟角色、游戏、VR 等领域，并会随着线下场景的复苏反攻线下。比如很多政府在招商引资场景中，利用 VR 等手段打造的“看地云”。

另外，场景的变化是最大的机遇。数字化生活扩张的世界，会比之前的世界更适合让企业创造一个以 IP 化角色、IP 化场景为中心、数字化为主的新沟通体系，与客户、上下游合作者进行全方位的连接。

场景的变革是不可逆的，疫情带来的几乎所有场景变革都和数字化生活、虚拟沟通紧密相关，这都是 IP 化场景发展的重要机遇。

第四章　B端品牌营销增长逻辑

对于 TO B 企业来说，营销的目的是精准获客，并产生销售转换，通过专业的产品和服务，与客户形成持续的合作关系。

第一节　确立重心：B端品牌营销的两项核心工作

当我们开始营销一款 TO B 产品时，先不要急着套用各种方法，一定要先弄清楚哪些是与公司业务最密切相关的核心指标，然后围绕核心指标去分解工作重心，制定关键的工作任务。

面对不同的产品，营销人员需要重点关注的数据也不一样。不同的产品可能对具体的指标关注点有所不同，但是就 TO B 企业产品营销的通用性来说，精准获客与高效转化是最核心的两大任务。

营销需要通过各种方式吸引更多的目标客户，有了线索商机就有可能转化成签约客户，然后才有可能转化成续费客户。

第一，精准获客

获取流量和潜在客户线索，成为营销人员面临的第一个挑战。花一样多的钱，获取客户数量越来越少，没有新客来源，就无法转化更多收益。寻找更有效的获客方式，提高现有渠道的获客效率，成为迫切需求。

现在的市场越来越细分，客户也是越来越细分。不管目前从事的项目是什么，一定要做好市场细分与客户细分，只有这样，在市场竞争中才能有一定的优势，才能更清晰准确地制定获客计划与方案。

判断获客是否精准，主要看四个方面是否达到标准：

一是符合业务场景。也就是你获取的客户线索是否是你产品的潜在使用者，他们是否需要产品，而你的产品或者服务恰恰能够满足他们的需求，符合他们的业务场景。

举个例子，企业财务软件和 OA 办公软件虽然面向的都是企业，但是他们所属的业务场景截然不同，使用部门也不同，一个是面向财务部门，一个是面向人力部门，所以在获客的时候也务必要精准到业务场景，以及触达精准的业务人群。

二是符合客户画像。是同一类型的产品，同一类型的客户，虽然需求客观存在，业务场景存在，但是不见得是你的精准客户。这也就是说，产品和服务分高中低档，客户需求也分层、分级、分群，那么应针对我们自身的产品定位，找到最适合我们产品的目标客群。

同样是 CRM 系统，都是面向企业销售部门的管理工具，但是大企业和小微企业俨然不同，所能承担的成本和预算也不尽相同，这就需要我们对我们的目标客群有非常精准的定位。

三是线索要有效。随着营销渠道越来越广泛，营销手段越来越多，尤其是互联网营销的异军突起，我们获取线索的途径也五花八门，但是面临的一个最主要的问题就是线索的有效性，也就是说要保证获客质量。

我们花了很多推广成本获得的往往是一个电话号码，但是如何判断这个电话背后的客户是真实有效的？有些渠道为了达到所承诺的推广效果，不惜弄虚作假而“注水”，这就导致了很多无效的线索，既浪费了企业的资源，又增加了许多无效的工作。

四是线索要有意向。获得一条线索不容易，但是只是获得一条有效的线索还远远不够。从营销的效果来说，我们需要精准而有意向的客户，虽然从有意向到最后成功成交依然只有 50% 的概率，但是这从营销的角度来讲已经完成了应有的使命，最后的那 50% 的概率就需要产品和销售来共同完成了。

第二，高效转化

TO B和 TO C 两种模式的产品在运营策略上也是不同的，TO C 产品的受众群体比较大，运营玩法也比较多；而 TO B 产品的目标群体相对较小，想要找到精准的目标群体，且让其转化成付费用户，需要一定的周期性。

一般来讲，TO B 企业的用户生命历程可分为三个阶段，认知阶段、考虑阶段、偏好阶段，在购买之后，又进入了新的采购循环，即“考虑”“偏好”。

认知阶段：在最初阶段，用户通过市场推广或者线下销售人员的地推活动知道公司的产品或服务，但尚未做出购买决定。

考虑阶段：用户从认知阶段进入考虑阶段，说明对产品或者服务产生了一定兴趣。考虑阶段可能是对多家客户进行评选，多方位衡量，可能在品牌、性能、第三方评选、报道，甚至是价格、圈子推荐等方面综合考虑。

偏好阶段：进入这个阶段，表明潜在客户将成为客户。这个阶段相比前两个阶段更为重要，在这个阶段可以尝试试用、POC 测试、在线演示等系列行为，让客户对产品产生“偏好”，从而提高商机转化的“成功率”。

甚至有些政府采购类的项目还必须有一些特殊资质，以及入选采购名录等苛刻的条件，那么营销要做的就是辅助客户决策，让他们更好地做出采购决定。当然了，对于政府类的采购有着更加严格的标准和流程，需要申报提交一系列材料，这些材料的专业度也影响着整个采购过程与结果。

但是无论怎样的流程，最后做判断的依然是“人”，TO B 企业营销要达成的境界就是影响终端客户的“判断”。

第二节　完善机制：B端品牌营销的三大闭环

对于 B 端营销，怎样才算是一个完整的闭环？ B 端营销应有全流程思考逻辑，在B端领域，这是一种常见的思维方式。对于不同商业模式的B端产品，在操作方法上会有不同的侧重点，相应的做法也会有不一样。

这里，笔者以一款企业服务类的SaaS产品为例，具体剖析一下B端营销全流程的思考逻辑。

第一步：首先公司通过线上线下相结合的方式，一方面进行线上宣传，一方面组建地推团队开始进行地面覆盖，拉新获客；

第二步：宣传推广完成后，将转化为客户注册试用公司SaaS产品，引导客户体验产品功能；

第三步：客户试用公司产品的过程中，开始给客户培训，并解答客户在使用产品过程中的各种问题；

第四步：客户免费试用产品一段时间以后，开始引导客户进一步转化，比如签约、付款等；

第五步：客户付费以后，给客户提供各种服务支持，比如产品维护、售后服务等；

第六步：客户使用产品时体验良好，服务期结束后，引导客户续费。

从这个流程可以看出，整个营销路径我们可以把它拆解为三个闭环、四个步骤、四个指标，这三大闭环构成了B端产品营销的基本闭环体系。

第一，营销路径闭环

触达：推广可以是线上的，也可以是线下的。一般情况下，大多数产品都需要线上线下相结合的方式，即线上进行品牌宣传，更高效率地触达客户群体，先给目标客户群体植入第一印象。

紧接着线下进行一对一或者一对多的拓展，让目标客户对具体的产品或者服务有一个直观具体的认识。只要是 B 端产品或者服务免不了线下的拜访拓客，这是铁的定律。

获客：不管是线上推广还是线下地推，我们的目的除了推广品牌，扩大品牌影响力以外，更重要的就是获客。目的是与有需求的客户产生连接，获取高价值的精准客户，使他们成为你的意向客户或者种子客户，注册成为你的会员，或者成为你的试用客户，从而更多地储备可转化的商机。

付费：当获客完成以后，营销的重点就变成了付费。产品只有卖出去才会有更多的价值，一款连客户都不愿意付费的产品不是真正的好产品。当通过获客手段积累了一定量的商机以后，我们通过不断满足客户的需求，提供我们专业优质的服务以后，促使试用客户变成正式客户，让他们愿意为我们的产品埋单。

复购：对于 B 端营销来说，获得一个新客户固然重要，但是维护好一个老客户更划算。有时候维护好一个老客户会起到事半功倍的效果，他不仅会持续为你的产品续费埋单，更重要的是他会变成免费的产品宣传者。有时候，从客户口中宣传产品往往比企业自己宣传产品更有说服力，这就是口碑的力量。因此，对于正式客户的运营工作也不容忽视，除了给他们提供专业贴心的服务以外，还需要不断地引导他们为你的产品自发地做宣传。

所以，对于B端产品来说，营销目标达成不仅仅局限于触达或者获客，而且贯穿于触达、获客、付费、复购的每一个环节。

第二，营销效果评估闭环

B端产品营销从四个环节来看，每一个环节都至关重要，前一个环节的效果往往决定着后一个环节的效果，如何评价每一个环节的效果，这中间有个“转化率”的问题，我们把它具体拆分一下。

1. 成功触达率

针对某一款产品，在每一次运营活动之前，我们的目标客户群体应该是比较明确的，而且客户数量也应该做过分析，这是我们在做市场调研和品牌定位时的必修课。

那么能够精准地触达到我们的目标客户群体是至关重要的，如果我们触达到更多的目标客户群体，那么我们的产品服务才会被更多的目标客户所知晓，才会产生更多的可能性。这里我们还可以把“成功触达率”这个评价指标再分解成四个小指标：

◆ 更大范围触达目标客户：触达的目标客户越多越好，覆盖的范围和空间地域越广越好。

◆ 更快时间触达目标客户：触达目标用户的时间越短越好，最好是能够集中时间爆破，一炮而红。

◆ 更低成本触达目标客户：触达客户的成本越低越好，一般我们会计算一次销售活动的RIO。

◆ 更高级别触达目标客户：触达客户的级别越高越好，一般级别越高越有决策力。

所以，在我们制定推广方案的时候，也要从这四个指标去指导和要求我们制定出最优的推广方案。

2. 成功获客率

获取有效线索的数量是衡量我们推广效果的唯一标准，如果一次推广活动能够获取更多的有效线索，或者高价值商机（意向客户），那这次推广活动无疑是成功的。

但是如果一次推广活动完成以后，不但没有溅起一点水花，而且获取的有效线索或者商机寥寥无几，无疑这次推广活动是失败的，这就要求我们回过头来审视我们的整个推广活动，有可能是推广策略出了问题，也有可能是执行过程中某些环节出了问题。如果在触达率达标的情况下，效果不好的原因一般可以归纳为两种可能：

一种可能是推广策略制定不精准，导致目标偏差。虽然成功触达了客户，但是你以为的目标客户不是你的“真正目标客户”。

另外一种可能是触达了精准的目标客户，但是客户“无感”，有可能是你的运营创意和内容苍白无力，没能引起他们的兴趣而打动他们，也有可能是你的产品确实是一个伪需求的产品，他们根本不需要。

这两种情况都有可能导致我们获客失败，所以在营销之前的客户分析和策略非常重要，这也是B端营销我们一直强调的一个观点，即“传递价值”。

3. 成功付费率

我们费尽心机“钓到”的目标客户，到底有几成愿意为产品埋单，最终转化成让我们激动的合同，这是每一个营销人员以及企业管理者最关注的问题。

客户愿不愿付费，一方面取决于客户对产品价值的认同感，一方面取决于客户的埋单能力。好的运营不仅要让客户对产品产生信任，认同产品带给他们的价值，更重要的是要制定合理的价格策略，所谓“定价定天下”。

客户不愿意埋单的原因主要有两点，要么没有认识到产品的价值，他觉得不需要，或者没有能够说服他埋单的理由，要么觉得价格太高，超出了客户的埋单能力，所以找到“价值”与“价格”之间的平衡点，是提高成功付费率的关键。

4. 成功复购率

成功复购率是衡量产品是否有足够强的市场竞争力的重要因素，也是衡量对正式客户运营效果的关键指标。有人只针对新客户运营，而往往对老客户不太重视，认为到自己碗里的就是永远安全的，其实这是错误的思路。

对于B端营销我们要做到“喜新不厌旧”，维护好一个老客户往往比开拓一个新客户更重要。

当你在开拓新客户的时候，别人也许正从你家的池塘里捞鱼，所以要看好自家的池塘，别让自己池子里面的鱼被别人钓走。

我们不仅要通过优秀的产品、专业的服务满足我们的老客户，更重要的是做好老客户关怀，通过内容、互动活动等，让他们成为你的铁杆粉丝，每年为你付费，成为你的活广告牌，持续为你产生价值。

不管是C端还是B端营销，面对的都是一个个活生生的人，所以营销的重点依然是“人”，所以要做好B端营销，不得不重视客户的感受与体验。

第三，运营协同闭环

很多时候产品研发团队和销售团队或多或少都会有冲突。屁股决定脑袋是没办法的事，分歧是在所难免的，也是无法被消灭的。一个组织，首要考虑的问题是谁是我们的敌人，谁是我们的朋友。但是团队独立的时候，立场导致的惯性很容易让我们用设置边界方式思考和决策。

在实际工作中，我们往往会遇到这样的情形。产品研发团队会说“你们销售应该更认真地使用产品，这些功能都是正常运行的”。而销售团队会说“客户不会用，觉得不好用，你得优化下产品体验”。

事情还没有进入讨论阶段，对话还没有真正开始，每个人已经产生了对抗的情绪，这在产品的任何阶段都是危险的。在这个时候，营销所要做的就是平衡产品研发和销售之间不对称的问题。

针对这种系统性风险，整合和管理所有与产品线相关的职位是个不错的选择，然后以工作组的形式进行资源的统一调配。整个团队共享一个业务目标，即我们不是企业的两个职能部门，而是为了同一个目标一起奋斗的团队。

销售在前线，利用产品为用户提供可靠的引导服务。产品研发在后端进行，使产品能够快速迭代。销售人员知道在什么阶段哪些功能是可用的，当这些功能上线时，客户将得到什么好处。销售也会很有底气地跟客户承诺，销售过程中也会带回第一手的情报，动态调整产品研发计划，以获得付费客户。同时，产品研发清楚地知道自己开发的功能与业务目标实现之间的关系。

有了客户生命周期的知识，运营部门就有机会跳出自己部门的“筒仓”，从全局视角来推动客户成功的工作，以及改进自己的正确应对方式。

首先，为了获得对客户成功的全局理解，最终的客户成功始于我们企业与客户之间的第一次接触。我们需要推动CEO、产品、营销、销售、实施以及财务等职能部门来设计和改造我们的业务流程，构建业务理念，让一切为“客户成功”服务。

其次，与CEO和其他部门负责人合作，寻找合理的转型路径和流程，兼顾短期增长利益、成本支出与长期服务品牌成长。

再次，要在业务链中贡献自己的价值。运营部是最懂客户使用过程中解决了什么痛点、获得了怎样价值的，所以运营部输出的案例往往更真实和具体，包装好了更能够打动客户。

最后，当我们发现具体的客户很难使用时，从整个过程的角度，我们可以从一开始就分析出哪个环节是问题所在，并协同原触点责任人一起设法补救。

总而言之，运营不应该只关注“别人把客户交接给我之后的工作”，运营总监也不应该把自己的管理视野局限在自己的部门。

第三节　积累信任：沉淀B端品牌客户信任资产

对于 TO B 营销，除了精准高效地触达目标客户，持续获取商机线索，提高转化率以外，还有一个重要的工作那就是积累品牌资产，打造品牌背书，建立品牌的信任体系。

一个明显的道理是 BAT 等知名企业做企业级服务，其优势是品牌效应会有继承关系，相比创业公司从零创立的新品牌信任度较高。当然也有缺点，就是多数巨头对产业理解不够深刻，不愿意舍弃一些固有的东西，总希望企业积累的成果能够平滑过渡，或者“以不变应万变”，但是市场往往背道而驰。相反，创业公司反而没有包袱，一切都是“空杯”状态，反而能够做出更适合市场、更适合客户的产品来。正所谓“不破不立”，各有利弊。

大多数 TO B 新兴企业创始人都在行业从业多年，理解产业痛点，面临的主要问题则是品牌的建立——在市场拓展中怎么让更多的客户信任你的产品，信任你所讲的优势服务不是忽悠。

建立品牌信任体系是为了在客户心智中建立起安全感，所以除了品牌的自我证明和宣传以外，更要借助公众、权威的力量，为自己证明，为自己背书。

第一，权威背书

他山之石，可以攻玉。权威有一种天然的让人自愿服从的能力，对于品牌背书，借助权威的力量不失为一种好办法。一般通过权威背书有权威专家、权威媒体、权威机构，权威典籍四类。

权威专家。寻找行业专家，利用其专业形象给品牌背书，赢得消费者信任。在医疗行业、健康行业以及安全行业用得比较多。专家有不同级别及类别，按品牌实际情况聘请就好。

权威媒体。利用权威媒体在人们心目中的优势地位和势能，证明自己的品牌是有实力、值得信赖的。比如：央视上榜品牌，××××战略合作伙伴。

权威典籍。如果你的产品或品牌跟一些权威出版物有关联，那可谓是得天独厚，直接拿过来用就是。比如东阿阿胶就借用《本草纲目》来做背书。

权威机构 。通过各种权威机构组织所颁发的奖杯、证书、认证标志来表明品牌所获得的某种资质或能力。主要有行业主管部门评定的资质，以及各类行业协会所颁发的产品质量、功能、工艺、外观等等认证。

第二，代言人背书

明星代言。明星代言，以娱乐明星和体育明星为主，是用得最多最滥的代言方式。专家形象代言，可以是本行业内的专家、学者。比如这几年很火的企业信用大数据查询产品“天眼查”就曾聘请明星吴刚做代言。

成功客户证言。玩法很多，万变不离其宗，就是让成功客户各种现身，以各种方式说品牌的好，由于是普通消费者，更加显得真实可信。

第三，市场反馈背书

利用从众心理。从众心理是人们心智寻求安全并节省脑细胞的本能反应，深植于基因中。在广告诉求上表现为宣传“更多人用，更受欢迎”等概念。

制造热销。从众心理的升级版，制造稀缺感与紧张感，好东西大家都在抢，再不动手就没了！最常见的就是各种排队、提前预订等。

免费使用。免费充分放大了人性中的“贪”，并将风险降到最低，所以是最有效的商业模式之一。一个商品免费与仅售 1 分钱，销量都会有巨大差别。这点在之前的互联网行业应用最广，其中有代表性的是 360 通过免费策略迅速霸占杀毒软件行业，获取海量用户后再通过其他方式变现。

超预期承诺。用承诺打消客户心中的忧虑，比如先试用后付费、不满意退款、三包承诺“包退，包换，包修”等。客户顾虑什么，就给其承诺，消除其顾虑。

列举数据。人都是从众的，绝大多数人都不想做第一个吃螃蟹的人，所以你要用数据证明，在你前面已经有很多人吃过螃蟹，所以这时候要亮出你的客户案例。

第四，公司资源背书

利用团队光环。所谓“光晕效应”，有牛逼的创始人，公司也差不到哪去。尤其创业公司要好好利用这一点，如果有几个大咖级的人物可以好好做做文章。

利用公司背景。尽可能地挖掘公司的背景，不管是自己的投资方还是所属的集团公司以及合作伙伴，都可以用来做背书，帮助新品牌更快赢得客户信赖。

利用高势能渠道。和谁站在一起，你就是那类人。品牌也可以入驻一些高势能的渠道，帮刚切入市场的新品牌提升信任感，比如你是做云服务的，可以入驻阿里云等知名的云服务市场。

利用供应链背书。谁在支持你，决定了你的级别。有光环的大厂，顶级的业内大咖支持，可以提升品牌的信任度。

利用大牌合作伙伴。最典型的是傍大牌客户，比如有些广告公司、公关公司因为服务某个知名的品牌而出名。还有傍大牌合作伙伴，比如与某大牌合作搞活动，成为某大牌的供应商，就可以宣称是某大牌的合作伙伴。

第五，行业资质背书

定义行业标准。通过制定行业标准来赢得客户信赖，比如华为定义了 5G 的标准，那么不管是国内还是国外都信任华为的 5G 是最好的，自然也就不缺订单。

行业领先地位。可以是市场份额领先，可以是技术领先。比如阿里云在机场的广告“1000 万 IT 技术人都在用”就非常具有杀伤力。

专家队伍形象。塑造企业内部聚焦、专注，塑造专家形象，因为专家具有权威性，容易给人信任感。

有据可查信息。线上能不能看得到，有无官网、官微、官方公众号、百度等搜索引擎能否搜到，有无网络新闻正面报道，就是为了通过提升可见性，增强品牌的可信任感。比如很多企业热衷于建立百科就是很好的证明。

行业特殊性能。拥有一个清晰的、具体的特性，容易赢得消费者信任。比如沃尔沃一直在倡导“安全”，并做了很多跟安全有关的发明；史密斯热水器长期主打“耐用”，宣称52年使用奇迹。

第六，公关活动背书

活动事件。成为正面的重大事件与活动的参与者、支持者、合作伙伴，将其高势能及影响力注入品牌。大的比如奥运会、世博会、亚运会、G20峰会，小的比如一些小型赛事、行业论坛。

严格测试。Thinkpad通过极限测试活动，展示产品在高温、遇水、跌落、电击等各种严格测试环境中的良好表现来让人信赖。

公关活动。在广告无处不在的时代，人们对广告已经形成了免疫力，一般会以怀疑的心态来看待。如果没有较多的广告预算对消费者形成立体的、持续的轰炸的话，很难将消费者心智打开。作为新品牌，多利用公关的方式，让第三方说你好，可信度会更高。

品牌形象。人靠衣裳马靠鞍，有品质感的品牌形象体系，就好比是品牌漂亮得体的着装，有助于消费者建立品牌好感和信任感。品牌形象具体指消费者能感受到的品牌视觉。

建立品牌信任资产是一项长期的任务，是企业在不断发展过程中的积累和沉淀，绝非一日之寒。企业在经营过程中要有意识地积累品牌的信任资产，通过整合资源，慢慢建立起品牌的信任体系，等到了一定的火候会显现出不可思议的力量。

第四节　搭建平台：建立B端品牌营销的获客基础

TO B营销获客是一个体系化、流程化、环环相扣的过程，在营销获客之前需要做好一系列的准备工作，只有做好了准备才能有条不紊地迎接客人，接待好客人，从而产生比较满意的转化。

那么，我们如何才能够更好地完成营销的“接客”任务呢？

第一，建立好自己的营销获客落地页

这个营销落地页是关键，但是形式不拘一格，主要是让更多的潜客能够找到你、了解你、走近你，从而产生后续的合作和下单。

官网是TO B业务的基础设施。从20世纪90年代互联网兴起时就有了建官网的热潮，几乎每家公司都有自己的官网。大家其实是这样的心理：虽然不知道建官网的价值到底有多大，看到别人都在建，那我们也不能少，就随便搞了一个。这种想法在公众号时代最为明显，仔细想想，你们公司是不是也有一个公众号，而且几乎没有粉丝量。

过了十几年，大家对建站的热情已经没有当初那样高了，但通过笔者做TO B业务推广的经验和实际效果来看，企业官网在当下依然是获客的核心渠道，没有之一。笔者服务的公司大约80%的销售线索

都来源于官网的推广，当然，这其中又涉及了很多推广手段，后面的章节我会继续讲到。

有时候我们很容易走入一个误区，也就是移动互联网发展这么快，我们还需要不要建设PC端的官网？这里我要告诉大家的一个真相是：即使移动端分走了一半PC端的流量，官网的价值依然坚挺，百度依然活得好好的就足以证明，所以现在官网不仅要建，还要建得高端大气上档次。

为什么要建？这与客户的习惯有关。据我们以往的经验，客户在找服务，比如采购SaaS系统、大件物品、大型服务等等时，行为习惯是通过搜索找寻合适的供应商，以PC端的搜索为主要习惯。移动端在信息展示时，有天生的劣势，屏幕面积小。在AI完全普及开前，用户在电脑上搜索寻找服务商依然是当下主流的行为习惯。

除此之外，其他基础设施也应该建立完善，比如我们针对某一次活动或者产品做的移动营销页以及移动端官网、两微一抖（微信、微博、抖音）都是我们获客的主要基础设施，不能忽略。

当然还有一些线下获客的工具，比如产品手册、案例集、宣传片等都需要准备好，这样即使地推上门也显得格外专业，给客户留下一个很好的印象，能够彰显出公司的实力和品牌形象，所谓“君欲善其事必先利其器”。

最后，做好线索的收集。这是推广的最后一公里。也就是说要给客户留好门，让他们能够找到你，有一个入口提交客户的需求。往往我们会设计客户提交的表单或者二维码。客户表单的设计主要遵循简单、快速、方便的原则，最大限度地有利于客户提交，又得到我们想要的最核心的信息。

第二，做好迎接客户的准备

不管我们是搭建官网、营销页，还是制作销售工具，目的是获客。那么仅仅这样就够了吗？很显然是不够的。

官网搭建和优化的终极目的是获客，在线客服是获客转化率的保障，没有客服的官网是不及格的。因此在搭建好官网之前，我们依然要做好两方面的工作准备。

搭建完善的客服系统。按理说我们官网上已经留了公司的联系电话，客户有需要打电话不就完了吗，为什么还需要在线客服系统呢？原因有很多，这里不做赘述。每个人有每个人的沟通习惯，尤其是第一次交流，有些人喜欢直接打电话，但是有些人比较含蓄，更喜欢用在线 IM 来交流。

作为一个营销人，我们就是要更多可能地获取客户的需求，最大限度地与客户产生链接和沟通，所以仅仅有公司的联系电话是远远不够的，这样会导致一大批内敛型的潜在客户流失。

对于大多数企业来讲，采用像百度商桥一类的咨询系统就可以满足要求，首先是免费的，其次支持移动端，每天晚上十一二点，我的手机屏幕时不时亮了，商桥提示说有访客进入官网。

另外，我们还要建立完善的表单系统，这也是跟客户的沟通习惯相关的。有些客户喜欢面对面在线交流，有些客户往往喜欢留言，等你来主动联系他。

梳理完善的话术。客服营销话术是“接客”时一个很重要的组成部分，它的好坏直接影响到接客的质量和效率，这个需要我们去反复模拟、反复设计、反复修订。

为了提炼出转化率最高的话术，笔者模拟客户去同行的网站套话术，最开始以为面面俱到、多而全的话术是无懈可击的，结果调研一圈下来才发现，都是三四句就把我的联系方式骗去了。

原来客服营销话术是越少越好，因为现代人大多都没有耐心，没有人愿意花很长的时间听你面面俱到地来讲，所以从某种意义上来讲“少即是多”。

基于同行及自己的认知，我也设计了获客三句话，此三句话一出，必获得客户联系方式，极大地降低了获客成本。所以，话术的设计是一门艺术，不在于多而在于精，在于环环相扣，一招必杀。

另外就是客服人员的选择，包括吐字清晰、情绪饱满、条理清楚、声音具有感染力这是最基本的要求，如果能够随机应变那就更好了。

做好了营销获客前的充足准备，我们就可以开始打响“获客”这场战役了。

第五节　获客通路：B端品牌营销获客的主要方式

企业获客一直是企业的头等大事，TO C和TO B都有获客的需求，但是他们获客的方式却完全不同。TO C的获客方式百花齐放，

TO B 的获客方式十分单一。尽管 TO B 的获客方式只有那么几种，但是能把 TO B 业务获客做好的企业并不多，正应了那句话：知易行难。

但是，等你真正深入这个行业以后，会慢慢发现，其实 TO B 业务的获客方式没有想象的艰难，摸透 TO B 的获客方式，甚至比 C 端获取客户更有意思。TO B 的获客方式与 TO C 不同：TO B 的获客讲究精准，TO C 获客侧重渠道。

从获客的策略来说，我们把获客主要分为四大类：

拓客营销：这是 TO B 企业常用的获客方式，不管是通过电话销售还是地推、陌生拜访的方式，主动去拓展客户、挖掘线索和创造商机。

集客营销：集客营销主要是基于 TO B 企业搭建好的营销渠道或者平台，为目标客户提供主动咨询的通道，通过互动与沟通，让客户主动留资，沉淀出有效商机。

内容营销：内容营销主要是依靠优质的内容，吸引潜在客群关注、分享、传播，从而筛选出有意向的客户，转化成有效商机。

精准营销：精准营销是依托大数据技术等营销手段，精准锁定目标客户，进行定向营销，转化成有效商机，促进成交。

下面就将几种主流的 TO B 的获客方式进行梳理和解读，来摸清整个 TO B 营销获客的套路和方法，以便于举一反三，触类旁通。

第一，搜索获客

不可否认，搜索引擎是 TO B 业务获客的主要方式。通常情况下，TO B 企业线上客户里面 70% 的线索都来自搜索引擎，是不是有种恨它又离不开它的感觉？做搜索获客，我们一般要从 SEO 和 SEM 两方面进行入手，即关键词排名和关键词竞价。

对于 SEO 和 SEM 大家并不陌生，但是说起来简单，做起来可不容易。

SEO 做出效果，至少 3 个月时间以上，有的小公司 SEO 还没见到效果，公司可能都倒闭了。SEM 简单点，花钱买客户，但也是个细致活，如果做得好，能以低于同行 20% 的成本获取客户。

对于有实力的公司，可以配备专门的搜索优化团队，分别负责 SEM 和 SEO。对于刚刚起步的创业公司，也可以选择外包，行业里也有一些专业的搜索优化团队。但是在人员没有到位之前，切记不要贸然地开通百度竞价。对于账户后台的操作，遇到靠谱的人，推广费用能节省好几万，对于不太熟练的人那一天浪费个几百万也不在话下。

魔鬼的魅力在于细节，在关键词竞价排名上，这一点体现得淋漓尽致，一个细节的设置，也许会节省 10% 的获客成本。

目前搜索获客的主要渠道依然是百度，360 和搜狗作为补充渠道也可以做参考，关键是要抓主流。

第二，活动获客

据说 SaaS 鼻祖 Salesforce 早年就是开着敞篷卡车拉着物料，一个城市接着一个城市地搞沙龙搞活动，传经布道，开疆辟土。

做企业服务，活动是绕不开的，围绕垂直行业、目标人群，或自己主办，或赞助参与。虽说如今已是移动互联网时代，可线下活动仍生生不息，遍地开花。

企业做活动一般是分为两种模式，一种是企业参与的，比如一些国际级的、国家级的以及行业的展会或者峰会、论坛等。一方面可以同行业交流，了解最新的行业动向，了解同行的产品；另一方面与更多的合作伙伴产生交流和合作的机会，以及吸引目标客户的咨询和注意。像我所在的公司是从事大数据领域的平台开发的，每年的数博会、大数据峰会、智博会以及世界互联网大会是必不可少的保留节目。当然了，不管是从品牌推广层面，还是从合作交流以及直接客户层面，获得了很不错的效果。

另外一种是企业自己主办的，形式主要包括小型研讨会、沙龙、论坛、培训以及答谢会等，目的是将企业所需的目标客户、合作伙伴、渠道资源等集中起来，统一宣贯，达到教育市场和引导客户需求的目的。

当然，活动的邀约和转化都是大家共同的痛。这主要取决于邀约的参会人员是不是符合我们的要求，是不是我们精准的目标对象，这一点至关重要。

第三，广告获客

因为 TO B 是群策行为，决策更为专业、慎重，如何影响行政、人力、采购、IT 项目经理、CEO 等核心人群才是亟须解决的问题。

广告获客是非常直接的获客方式，但是 TO B 的广告不能照搬 TO C 的经验和方式，在投放广告之前我们要有一定的广告策略，这其中的内容很多，最核心的一点就是我们要非常清楚地知道我们要影响的目标人群是谁，他们在哪里。

近年来，我们经常在写字楼的电梯间看到钉钉、企查查、天眼查等 B 端产品的广告，这就是抓住了他们的客户群体是企业，所以在商务区办公楼的电梯间打广告是明智的选择，有可能影响到企业的决策，从而产生购买或者发展成为会员。

另外，经常出差的商务人士，不管是机场还是飞机的座椅后背，经常会看到一些商学院、商业培训公司、广告公司以及企业咨询公司的广告，这也是抓住了他们的客户群体是企业决策者这一核心，所以在飞机上做广告是一个不错的选择。

相对而言，广告的成本会比较大一些，对于不同阶段的公司要慎重选择，测算好自己的成本和预算，选择最优投入产出的广告渠道，该出手时就出手，但也不能打肿脸充胖子。

第四，大数据获客

新一代的营销人提出了“数据掘金”的口号，他们希望通过相应软件的智能分析和大数据谱写的人群画像以及云平台收集到的用户行为习惯、喜好、购买能力等诸多信息，来挖掘出用户的潜在需求，从而以最少的人力、物力达到最可观的营收。

大数据获客无疑是抄近路，省略了营销中间的很多环节和步骤。但是既然是大数据获客，那么要解决的最核心的一个问题就是数据从哪来？哪些是精准有效并且可用的数据？

对于B端的产品来说，要获取更多的商机或者销售线索数据，必须触达企业的核心决策者，那么企业的核心决策者数据又从哪里来，如何才能精准触达企业的核心决策者，并且能够保证触达是有效的，是大数据获客面临的一个难题。

顺着这个思路，首要任务便是采集有效数据。一方面，我们可以通过企业公开的信息采集，比如工商注册等信息，在企业注册的时间一般都会填写企业的电话、邮箱等联系方式。另一方面是通过企业黄页，比如阿里巴巴、慧聪网等企业商品网页，是企业公开的信息，势必会透露企业的联系方式以及更多的信息。另外，企业型的社交平台网站也不失为一种有效的途径，那里有很多的企业决策者愿意公开自己的信息，以求获得更多的合作可能，这恰恰就能给获客提供机会。

通过大量的数据采集以后，形成营销的“私有库”以及对数据的清洗和加工，分层、分级，形成便于我们操作的营销数据库，接下来便是有效触达这些精准的客户群体。一是通过广告进行精准触达，二是通过邮件营销进行触达，三是直接启动电话销售的方式，从而获取和积累大量的意向客户。

毫无疑问，大数据营销获客极大地缩短了营销的路径，提高了获客的效率，也降低了获客成本，但是面临的是数据准确性和触达时客户“友好性”的问题，我们要努力做的就是将这种效率不断提升。

第五，联合获客

对于 TO B 企业来说，由于产品主要应用在企业中，通过其他企业的宣传带动自身产品的展现可以扩大受众，增加产品的好感度。

这类营销，头部 TO B 企业已运用得非常娴熟，如做芯片的英特尔，其产品主要供给各类电子产品厂家。在各类电脑进行品牌营销时，都要向消费者再次去强调自己所使用的芯片是英特尔的，能够有效地充分满足用户对于计算机性能的要求。在这个过程中，也向消费者灌输了英特尔在芯片方面的强大能力，得到消费者信任，同时倒逼电脑厂家采购更大量的英特尔芯片去满足消费者的认知。

阿里云、腾讯云等企业通过同政府、传统企业合作，打造标杆案例，在政府与传统企业的宣讲中频频露出，让普通大众对其有了品牌认知，也为其行业拓展打下良好基础。

第六，AI 智能营销获客

在 TO B 营销界，电话销售是惯用的手段，一个厉害点的电话销售人员一天呼叫 200~300 个客户是不成问题的，但是人工智能的快速发展，在电话销售领域的应用也取得了不错的进步。一个人工智能座席一天平均可呼出 2000 通电话，是人工座席的 10 倍，成本能够降低 70% 以上。

智能电话机器人在拨电话的时候，会依据设置好的话术步骤与顾客沟通交流，智能化回应顾客的疑惑，其响应都是真人版语音，因此和顾客的电话沟通交流与真人销售人员沟通交流基本上一样。智能电话机器人全部工作内容全是规范化实行，销售话术规范化、心态规范化、内容规范化……没有消极情绪，不会受到外界一切影响。

用户希望得到某个问题的答案，机器人回复来自于特定知识库，以特定的回复回答用户，并且 AI 智能电话机器人会依据语音通话内容，创建顾客肖像，并精确归类顾客意愿水平，协助销售人员归类好意愿顾客。

AI 智能营销，不仅是对营销手段和方式方法的革新，更是对营销管理模式的创新。能够确保线索的及时跟进、合理分配、查重等效果。

营销不仅仅是创意，更是技术，尤其是互联网、大数据、人工智能的发展，为营销提供了更多的可能性。

营销是永无止境的，获客的方式也是层出不穷的，不是每一种方式都对自己的企业有用，企业只要选择最适合自己的获客方式即可。

第三部分
实效第一，声量第二

第五章　B端品牌营销获客法则

获客是持续增长的前提，也是持续增长的基础。TO B品牌营销获客要制订全渠道的获客计划，但每个获客渠道之间的不同特性也导致其方式方法不尽相同。

第一节　价值导向：B端内容营销获客法则

国内越来越多的营销大咖认为：“在一个成熟的TO B市场当中，真正在主导流量流向的‘指挥棒’是品牌力，如何让企业在领域中跻身头部品牌，持续的内容营销就显得非常重要。”

B端内容营销是生产和传播有价值的、相关的、一致的内容，以吸引和留住精准的潜在的客户群体，且以驱动客户最终成交为目的的一种策略性营销方法。

而TO B企业面向机构和组织，即使内容玩出花来，也不见得真正能够促进购买。因为对象从个人变为了组织，从购买层面上来看，每一次购买活动都变得更谨慎，考察的点也不一样了。

对于 TO C 消费者可以从趣味性、时尚性、美观性等多种元素去考虑购买一样产品。而对于机构和组织而言，某项产品和服务对自己到底有没有用，实用性和价值性才是最需要考虑的点。

“TO B 企业所传递的信息要可持续，不断生成好的内容、好的故事，对营销保持长期的投入，去加强企业的品牌和声誉。”

内容营销愈发重要的原因是由 TO B 采购以及企业管理者需求特点决定的。从 TO B 服务的客户角度而言，要带领企业不断创新发展，有两个方面是管理者的共性需求：一是不断地系统性了解和学习最新、最前沿，尤其是新技术驱动的商业知识，让自己的见识和方法论能始终处于市场竞争的前列；二是适时选择合作伙伴，帮助自己实现创新发展，世界上已经没有关起门来能发展的企业。

B2B 企业内容营销可以通过持续提供高价值的与客户相关的内容，解决客户的担忧，不仅培养了用户对品牌的忠诚度和信任感，并且品牌在持续的高价值内容输出的过程中，才能占领客户的心智，建立权威性。

为了避免选择合作伙伴决策失误，企业管理者的决策过程实质上是系统性学习和掌握专业知识的过程，因为专业决策需要专业知识内容的支撑。所以，在专业知识支撑的基础上，才能更好地选择匹配自己企业需求的产品与服务供应商。因此，好的内容和持续的内容营销，能够帮助 TO B 企业实现营销破局。

从整体市场而言，TO B 企业的营销预算相对于 TO C 企业不在一个量级。这就是内容营销作为市场营销的重要方式，能够低成本地帮助 TO B 企业实现营销破局的原因。

TO B企业内容营销框架主要分为内容规划、内容团队搭建、内容生产、内容传播、内容效果评估等五大部分。在日常工作中，大部分公司都不一定有严格意义上的框架逻辑，有些公司有可能是一人身兼多职。很多 TO B 企业市场部往往规模很小，不像 TO C 公司的大市场部，分工非常明确，因此每个公司可以根据自己的实际情况，设计合理的内容营销全流程，配置最有效的资源。

第一，内容定位与规划

对于 B 端用户，一般呈现的内容类型有干货、案例、新闻、白皮书、电子书及书籍。近两年，随着短视频的火热，一些 TO B 企业也会适当在一些平台发布音频和视频。以上只是对 B 端内容做简单的分类，具体什么阶段发布什么内容，还需要细分。可以从用户类型细分、用户角色模型和用户转化过程进行内容规划。

1. 用户类型细分

很少有企业的潜在目标只有一个类型的客户，一般都会有几个不同客户类型。客户分类的方法很多，总体上可以分为：普通客户、潜在客户、成交客户、忠诚客户。不同类型，需准备的内容也不同。要明确目标群体是谁？他们关心什么问题？你能提供怎样的答案？你能提供怎样的服务？

◆ 普通客户：重在建立联系，日常的内容引导。

◆ 潜在客户：重在如何实现转化，加速销售进程。

◆ 成交客户：重在二次购买，实现复购，以及带动新客户。

◆ 忠诚客户：重在增值服务，如何保持长久关系，成为品牌忠实粉丝。

2. 用户角色模型

客户角色模型是指能够体现大多数用户需求、用户绩效和个人特征的典型用户，它们是真实用户意志的体现，能够帮助开发者对产品进行设计和功能打造。坦白而言，内容不可能适合所有人，所以需要通过用户角色模型，减少主观臆测，理解用户到底真正需要什么，从而知道如何更好为不同类型用户服务。

显性画像：用户群体的基本信息描述，如目标用户的年龄、性别、职业、地域分布、兴趣爱好等，一般通过客服人员线上交流、用户账号数据、常关注的内容作判断，间接获取数据进行分析。

隐性画像：用户群体深层次的特征描述，如使用产品的目的、解决什么问题、偏好、诉求、场景、愿景、使用频率等。主要以问卷、访谈、意见反馈等方式直接获得数据。

3. 用户转化过程

认知阶段。在最初的认知阶段，销售和营销周期刚开始，客户知道你的产品或服务，但尚未做好购买准备，如何做呢？我们可以通过发布电子书、博客文章、研究数据、有趣的视频、活动信息、信息图表等内容，植入产品和服务的信息，引导客户需求的落地。

◆ 创造需求：将品牌内容发布在PC或者移动端平台上，推送给目标客户群体或者潜在客户群体。

◆ 搜索优化：通过搜索引擎优化，让相关内容出现在搜索第一页上。

◆ 优化落地页：搜索的目的页直接引入产品或者案例页面，让客户看到价值。

考虑阶段。当用户从认知阶段进入考虑阶段，说明对方已经对品牌产生了一定的兴趣，但还没进入偏好阶段。这个时候，客户对产品或者服务有了一定的认识，更关心的是采购流程和服务方式，所以我们要提供给客户一些关于购买指南、RFP 模板、ROI 计算器、分析报告等内容，促进客户做决策。

另外需要整合第三方报道做背书，增加公司文化、靠谱的员工、大度的老板、幸福的客户、牛逼的投资方等人性化信息，增强品牌的信任感。漂亮的产品介绍、价格单以及客户评价，也是影响客户决策的内容，然后再和他们电话或当面介绍。

偏好阶段。一旦进入偏好阶段，需要让客户更加深入地了解产品，让对方了解到通过产品及服务，他能达到怎样的增长及收益。让客户深入地了解产品，在没购买之前就会用，知道用起来的好处。可以尝试将同行业的典型客户的成功案例分享给对方，推动进一步进行购买决策。这个时期我们做一些客户案例的研究与分享。

◆ 持续跟进：在获得客户需求之后，将更适合客户的产品资讯持续传递给客户。

◆ 产品试用：如果是软件的话，给客户试用账户；如果是硬件，给客户样品或现场参观体验。

◆ 在线演示：让客户参加在线演示会议，提供产品的使用说明，让典型客户分享成功经验。

第二，内容团队搭建

内容营销团队的搭建，大致上有三条路可走：自建模式、整合模式和协作模式。

自建模式：指公司内部建立完善的内容生产团队，是公司架构的一部分，自己组建的专业团队，专职进行内容营销的全流程工作。

整合模式：企业只组建相关的策划和编辑核心岗位，整合外部优秀的内容资源，通过编辑、转载、授权发表或者委托创作等方式，为企业所用。

协作模式：价值内容不是由营销部门或者外聘的内容合作者独立完成，而是整个公司配合来完成，可以组织公司内容的业务专家、管理者以及员工进行采写和输出。

第三，内容生产制作

1. 内容生产原则

好的内容一定是个性的化，需要明确内容重点，将精力放在高影响力的内容方面逐步强化，逐步形成企业的内容调性和风格。

2. 内容生产流程

◆ 选题：由内容进行选题策划，最好能形成一个选题库。

◆ 分配：编辑审核选题，确定需要创作的选题，分配给相关人员创作。

◆ 草稿：创作人员提交初版草稿，供负责人审核与提出修改意见或建议。

◆ 编辑：稿件审核完定稿以后，编辑进行初步编辑。

◆ 预审：匹配用户类型、用户旅程，确定文章是否通过。

◆ 排版：设计师优化，优化排版。

◆ 终审：听取一线工作人员或专家的建议，确定文章价值，并做SEO方面的优化。

◆ 发布：文章最终呈现在用户面前。

第四，内容传播分享

内容传播，是人类通过符号和媒介交流信息、以期发生相应变化的活动，可以从以下几个方面着手。

人。传播是人与人之间的信息交流，传播者要明确传播的目标和计划，受众也有自己的接受习惯和诉求。

渠道。内容需要在一定的载体上才能存在，而借以存在的载体则成为内容传播的渠道。传播的渠道要么在线上，要么在线下。

目的。不管是面向终端客户和市场的传播，还是面向企业内部的传播，目的都是为了传递企业的价值和品牌，获得目标对象的认同感。

第五，内容效果评估

LinkedIn 调研发现，52% 的市场营销人员认为，“不了解应该如何衡量内容营销效果”是开展内容营销最大的痛点。关注数据是解决该痛点最有效的方式。

关注与内容直接相关的数据，比如UV/PV、点击率、互动数、转发数、人均访问页面、访问时长等，这些都是非常基础的数据，要有日常的监控和概念。

关注产品的数据，比如DAU、留存，或整个栏目的UV、点击率。因为内容运营是为了服务产品，所以要通过数据寻找内容对产品的拉动。

关键点是放在较长的时间段里看数据。通常情况下，内容运营对产品数据的拉动，是有一个过程的，是缓慢的。因为用户的认知需要培养，优质内容被发现和扩散需要时间。

第六，几点注意事项

群体并不叠加智慧。内容营销，不应该过度迎合客户，而是应该作为引领者，用内容塑造客户。

必须建立成文的内容策略，并有切实可行的发文计划表，严格按照日程表发文，定期复盘。每一个内容都匹配专属CTA（call to action），促进用户的下一步行动。

社交媒体上的内容要保证更新的频率以及分享的频次。内容营销，要确保内容对客户有用，切不可为了业绩盲目生产内容垃圾。

内容营销是有诱导力的。成功的内容营销应该遵循以客户为中心，持续为客户提供有价值的相关内容，并且具体到一定的目标客户购买阶段。好的营销内容应该更具有故事性，并且贯穿于客户的整个购买流程，渗透明确的行为激励，诱导客户的下一步行动。针对不同的渠道平台，也要做相对应的策略调整，打造适合于特定平台的内容形式和变现形式，以便于达成核心指标。

第二节 体验为王：B端自媒体营销获客法则

在自媒体时代，自媒体已然成为企业的官方媒体，也是企业对外信息发布的重要载体，更是企业与客户沟通和互动的重要渠道。TO B企业往往通过自媒体来传播品牌价值，推广产品与服务，从而获取销售线索。那么TO B企业如何做好自媒体内容的策划与运营呢?

首先要从企业自媒体的核心定位和功能规划说起。一般来说，企业的自媒体分为内容型、交易型、互动型等，或者三者兼而有之。如何才能做好企业自媒体的整体规划与定位至关重要，因为这关系到后面企业自媒体的整个运营思路和重点。

整体而言，企业应该以微信公众号为核心，建立主流的企业自媒体矩阵。自媒体完全可以作为一个更丰富的移动端内容入口，让客户在其平台上面获取包括深度文章、在线会议、案例研究、电子书、白皮书、行业报告、在线视频等多维度形式的内容，而且更具有互动性。

所以TO B企业自媒体平台的重要性不言而喻。如何才能使企业的自媒体更有吸引力，更具有销售力?这就需要对自媒体进行全盘规划，悉心打磨。

第一，TO B企业自媒体栏目策划与搭建体系

企业自媒体承载的信息量越来越大，刚开始的时候更新的内容比

较少，但是做到一定的阶段，更新的内容越来越多，如何让客户更快地获取到有价值的内容，提升客户的阅读体验和阅读效率，也是非常重要的问题。

所以，等 TO B 企业自媒体做到一定的阶段，我们需要有明确的定位和规划，梳理出清晰的栏目，并对栏目进行相应的包装，让客户具有可读性和耳目一新的感觉。

产品化：从某种意义上来讲，TO B 企业做自媒体要像做产品一样来做，虽然这款产品不一定能够直接卖出去，但是它的价值和作用不可忽视。TO B 自媒体是为目标客户持续提供有价值、有用的信息，是目标客户长期要用的产品，所以不管是从用户需求还是从用户体验上面都要以产品的思维下苦功。

场景化：自媒体不同于企业官网，它天生互动性更强，它能够满足更多的阅读和应用场景，所以要利用好场景的设置来与目标客户产生良性互动。比如可以让客户回复关键词推送相对应的内容，关注后的欢迎语可以写得与行业特性和业务场景相匹配，栏目设置也可以更有创意一些，比如：产品介绍叫“产品地图”，联系我们叫“狂撩”等。

专题化：对于一些干货内容以及深度文章，尤其是系列文章、系列音频或者视频，要合理分类，形成不同的专题，这样方便客户集中查阅，成为他们有用的资料库，让客户离不开，从而达到反复阅读、加深品牌印象的效果。

人格化：自媒体是寄生于社交平台的产物，本身就有社交属性，所以在与客户互动的时候，不一定非要像传统媒体那么一本正经。因此，包括互动内容、运营者昵称等等都应该更加人格化，更加互联网化，给人一种轻松的感觉。很多企业自媒体平台自称“××君”“××姐”“小××”等，让人感到亲切的同时不由得产生好感，而且印象深刻。

第二，TO B 企业自媒体内容运营“631”法则

TO B 企业的自媒体账号粉丝关注度通常不如 TO C 企业那么海量，这是因为，本身业务更多是和客户、潜在客户直接相关，而不是面向大众。所以，即便有优质的大众类内容，也很难传播出去。

所以，企业的自媒体渠道应该定位为企业的销售工具，而非大众读物。

TO B 企业的自媒体运营并不需要一味地追求粉丝的增长以及阅读量，而应该关注是否能真正带给企业业务增长。

企业的自媒体一方面要深入浅出地宣传企业的产品，输出企业的品牌和价值观，另一方面也要获得客户或者潜在客户的认同，以及驱动客户分享和互动。往往对企业越是有利的内容，客户或者潜在客户越不感兴趣，这就需要考虑如何才能打破 TO B 企业自媒体“自嗨”的魔咒，这是企业自媒体运营需要精心设计和规划的重要工作，有时候需要采取一些迂回策略，真正达到我们想要传播的目的。

不同的行业有不同的特点，但是总体而言，我们依然会遵循“价值导向”的原则去策划我们的自媒体内容选题方向，也就是我们的客户或者潜在客户到底需要哪些内容。

经过长时间的探索与经验，这里给出的TO B企业自媒体的内容选题方向仅供参考，我们姑且把它称为“631法则”。

60%的企业官宣内容。TO B企业的营销内容首先应定位销售工具，围绕企业本身的签约、合作、荣誉、事件、产品发布等，这类内容属于一手内容，有优先度和首发性，也是销售人员对外塑造企业品牌的刚需。从大致比例上，这类内容可以占到企业官方账号的60%。

策划与发布企业官方的内容不仅是为了向客户或者潜在客户宣传企业的发展，传递企业的动态，更重要的是为了向企业内部员工、合作伙伴传达企业的精神，树立全体员工对企业的认同感，提升自信力。

值得注意的是，虽然是和自身企业相关，标题和内容还是应当优化，更多站在读者角度。如合作类新闻，应体现对行业的意义及影响，合作伙伴的背书等，更易于读者理解。

再如产品发布，仅谈企业本身的动作，意义是不够重大的。如果塑造其普遍性及创新性，成为行业的现象级产品，就能引发更多潜在客户的思考，让销售认知内容的价值，就能达到更好的传播效果。

当然，这类内容的局限性也是很明显的，虽然深受销售人员欢迎，却会被视为广告，只有“自己人”才会乐于转发，第三方是不会主动捧场的。

30%的行业深度内容。企业官宣内容虽然能够很好地传达企业的动态，宣传企业的产品，但是无法唤起行业内更多人的注意和潜在客户的注意，所以，接下来有30%的内容，应该从第三方入手，从行业热点、客户热点引入，提出企业的针对性解决方案及案例，更具说服力地站在客户、潜在客户的角度区表达观点、阐述问题与深入思考，这样他们会更愿意去阅读和分享。

比如做客户服务的企业，与其直接阐述自己的理念，不如阐述热门企业在服务方面的经典案例，或者对当下社会全面关注的行业热点事件给出建议点评。这样的内容，不仅适合销售人员在朋友圈分享，更适合在行业的社群里传播，使用场景就有所增加。

有深度的内容比新闻稿更具有叙事性，而且文章内容更加结构化和系统化，能满足客户对于深层次专业内容的需求。日积月累就形成了高价值的系列专题，对于客户来说，相当于读了一本电子书。客户也乐于分享这些专业资料，如果设置巧妙一些，对于品牌的传播和推广可以起到事半功倍的作用。一方面是企业强大专业能力、解决问题方案的体现，另一方面是一份软性的高级的销售工具，在潜移默化中影响客户。

10% 的读者互动内容。最后 10%，建议企业定制一些具有互动性的内容话题，比如针对客户行业的奖项，从业人员的故事，通过强烈的代入感，引发网友产生互动参与。

比如，给银行客服提建议，给京东物流小哥拍砖，给企业 CIO 提出减员增效方案等。读者的参与感并不是自动发生的，需要通过个人号添加或社群沟通来引导，对 B 的互动比对 C 要更难，但也更具价值。

60% 企业自身内容 +30% 第三方内容 +10% 互动性内容，这样的组合，会让企业的自媒体账号更加立体丰富，从而不至于变成企业自嗨的工具。

第三节　圈层效应：B端企业活动营销获客法则

企业级的采购需要往往有一定的规则，并且具有一定的规律性。相较于C端的消费，B端企业的采购更讲究理性和流程，所以面向B端市场的活动营销要区别于C端的运营策略，以产品价值传递和获客为主要目标。

一方面，线上流量越来越贵，获客成本越来越高，企业不得不重新寻找线下机会，获客阵地再次向线下转移，甚至由一线城市向二线、三线、四线城市下沉。企业开展线下市场活动，如何选择活动区域，如何制定活动策略，取决于企业的目标客户群体定位，以及潜在客户群体和产品定位。

对于B端来说，参加行业活动是快速进入行业圈层、建立合作关系、寻求媒体曝光、获取有效客户线索的有效方式。选择合适的行业活动，往往能够收到意想不到的效果。快速找到发展的突破口，不管是对于企业品牌的传播还是产品的推广都是大有裨益的。

第一，B端活动参与原则

B端企业在参加或者举办活动的时候，需从多维度加以斟酌，应该注意以下事项：

科学评估活动的匹配度。一是看活动的主题符不符合自己企业或者产品的定位，是否与所从事的行业相匹配。二是看参加活动的对象和目标群体都有哪些企业或者人员参加，是不是自己的潜在客户群体或者合作伙伴。三是看邀请的嘉宾分量，一般邀请的嘉宾分量越足，自然也就能吸引更多的有分量的人来参会，邀请嘉宾的分量都不足，那慕名而来的参会人员的分量就可想而知了。

细心选择活动资源和权益。一般参加行业展会都是收费的，很少有免费的展会，所以务必要确定参展形式和报价以及细节。不管活动是大是小，都有相应的参展手册或者活动方案，里面会详细介绍活动的整个流程及内容，以及明确写明赞助商的收费标准和所获得的权益。

我们要提前对未来即将开办的活动信息进行收集、对比和分析，从而选定最适合我们的行业活动。毕竟企业的预算有限，所有活动都参加不现实，只能是有所为而有所不为，选择最适合自己的。另外关于活动的费用谈判，一般我们不急于提前报名。事实上，基本所有的行业活动资源都不会卖完，我可以在活动报名的后期去采购，这时候主办方的成本已经收回了，多买一份资源就是多赚一份的钱，往往这个时候的折扣最好谈。

精心准备活动所需物料。不管是参加活动还是自己举办活动，准备参会的物料是必不可少的工作。除了常规的海报、易拉宝、宣传册、DM 单制作以外，更应该准备一些别出心裁的物料。比如可以定制一些小礼品，只要关注企业的二维码和分享内容就可以领取，这样最大限度地发挥了参加活动的价值，也起到了品牌传播的作用。

分享一个我亲身经历的例子。每年我们都会参加国际大数据博览会，几乎所有的大数据行业厂商和机构都会参会。我们发现观众会在各个展位上收集一些礼品和资料，所以我们准备了一些特别设计定制的高质量环保袋，结果效果出奇的好。由于环保袋非常实用，当时那几天整个展馆里随处可见我们的环保袋，一下子让参加展会的人都知道了我们。

有条不紊地执行。在参加活动的时候要提前准备好活动的执行方案，做好协作和分工，设计好展览和解说的路线。现场资料的发放、礼品的领取要组织有序，引导用户关注企业官方平台，以及留下联系方式，以便后续的线索孵化和跟进。活动结束后收集的客户信息要及时整理和分配。

第二，B 端活动问题扫描

B 端企业做运营主要是为了获得客户信任，而线下活动这种面对面的形式相比其他获客方式，更容易取得用户的信任。在活动的特定场合中，我们可以从企业品牌、产品价值、服务理念等角度立体式、全方位地展示我们的优势。甚至可以通过“所见即所得”的方式，通过多媒体进行产品的演示，然后顺势进行一对一的交流和洽谈。相较于电话交流，这种即时性和沉浸式的互动体验是显而易见的。

B 端企业参加线下活动在建立品牌知名度的同时，兼顾获取线索、培育线索以及销售转化的重要职责。但是做好活动的运营并不是一件容易的事，往往我们想象得很美好，但是执行结果却不尽如人意。几乎 80% 的活动都远远没有达到前期预设的目标，出现叫好不叫座的现象，主要体现在以下几个方面：

转化率低：往往一场活动下来，可以成交的少之又少，甚至 0 成交。

邀约太难：吸引更多潜在的精准客户群体报名并参加活动是一大难题。

缺乏新意：活动形式千篇一律，创意翻来覆去地用，缺乏新鲜的创意。

ROI 太低：不管是赞助活动还是自己举办活动，好像效果都不明显。

线下活动从大的方面来说，分为参加活动和举办活动。参加活动一般都是行业内的活动，活动规模一般都比较大，对于企业来说相对比较简单，只需要缴纳一定的费用就可以参加活动。自己举办活动则要复杂得多，要完成从活动策划到执行的整体操作流程，耗费的资源和精力也很大，很考验一个团队的专业性和执行力。

第三，参加行业活动准备

B 端业务往往要“见到人”，所以对于 B 端市场运营来说，一年大部分时间几乎都在跑会。不仅是熟人圈子，大家也更希望通过活动会议的方式来结识宝贵的行业人脉，进行精准社交，而不是不加选择地泛社交。

赞助参加的活动一般有行业展会、行业论坛、行业峰会、行业沙龙等。这个按照赞助的金额不同，会得到不同的权益。

赞助活动对于品牌来说是一次很好的曝光机会，也会吸引一些潜在客户，形成有效的销售线索和商机。对于行业论坛或者沙龙，最直接有效的方法就是准备一场演讲。相对于展位展示，活动官方曝光宣传，一场生动深刻的演讲，干货更容易圈粉，更容易吸引潜在目标客户的注意。

会议调研。分析会议的行业背景，参会人群是否为潜在客户，人员层次的高低，应该做到有数据和响应的信息支撑。另外，对参会人员要有一个大概的画像，是企业的 CMO、COO 居多，还是 CTO、CIO 居多，对人员整体画像做到心中有数。

会议准备。参加活动一是保障好公司的参展准备工作，如布展、演讲等工作，二是准备好自己的工作，如组织好自己的话术，带好自己的名片等，这些可以通过列出一张活动 checklist 来完成，执行完备就行。

会后复盘。会后要进行复盘，通过活动费用、潜在用户数量、获取线索、用户质量等维度进行数据分析，洞察参会的成果及不足，给出科学的改进建议。

第四，自己举办活动准备

自主举办的活动，从策划到执行全过程都是由企业自己完成的，通常是企业针对自己的潜在目标老客户精心策划的活动，一般有行业沙龙、研讨会、客户答谢会、公开课等，可以很好地激活老客户，增进客户黏度，维护客户关系。

自己举办活动首先要确定活动策划方案。关于策划执行方案框架万变不离其宗，一般包含9个要素：背景、主题、玩法、流程、宣传、执行、安全保障、预算、场地。这里要注意的一点是活动场地的选择很重要，几乎决定了一场活动的成败。因为很多B端活动参与者都是因为工作关系需要，所以一个别致的场地会让嘉宾更有所期待。

确定主题。明确了会议的主题，相应的参会人群、执行也就容易确定下来。

邀请人员。邀约参会嘉宾是活动执行中最有挑战性的环节，这个环节做不好往往会导致一场活动冷场，以至于与活动策划的预期目标相去甚远。毕竟，活动是给人办的，连参会人员都保障不了的活动又有什么意义呢？因此参会人员的数量、质量都对活动的预期效果、投入产出起到决定性的作用。

分解任务。主题和参会人群确定后，要进行活动执行任务的分解。把整场活动的各个单元模块进行逐一分解和分配，让不同的人专门负责不同的模块，包括活动方案撰写、会前预热、现场布置、嘉宾接待、稿件撰写……又是一个很长的checklist。

线下推广所需要的内容非常庞杂。整体上来说分为活动前、活动中、活动后，每个阶段和环节应该做什么，需要有一张全景图，我们只需要参照执行即可。以展会为例，如下图：

活动前	活动中	活动后
场地搭建设计	展位现场照片、小视频等拍摄	活动回顾文章发布
活动预热文章、图片、视频	重要场面、重要时刻合影留念	活动视频剪辑与发布
物料准备（DM、海报、X展架、易拉宝）	社群组建与维护	活动客户信息盘点与总结
礼品准备（伞、购物袋等）	客户接待与话术	重要客户进行回访与联络
工牌、工装等准备	引导关注公众号或者加微信	社群运营维护
纯净水、茶饮、果盘等准备	名片收集、登记信息	产品与销售跟进
	发放宣传材料、礼品	

同理，线下公开课、行业沙龙、渠道会议的物料清单和执行都可以按照以上的思路整理。小型的线下沙龙更适合邀请项目决策者参与，面对面仍然是企业高管们更认同的交流方式，而闭门沟通更能让大家畅所欲言，产生共鸣。这里要强调的一点是活动后的传播比活动本身更重要，一场好的活动是具有长尾效应的。

自主举办活动相对于参加活动难度较大，需要考虑执行的工作比较多，而且需要注意的细节也比较多。往往一场活动举办得成功与否，主要取决于细节的设计。正所谓“魔鬼出自细节”。往往一个细节就决定了整场活动的转化率。金蝶的会议运营值得我们借鉴。

会议运营是B端企业与客户亲密接触的常见渠道，往往耗费大量人力物力邀请企业高层人员参与，但现场人群终究有限，很多会议并未重视如何利用这些高净值人群的口碑进行精准的二次传播。

相比于以往填鸭式的产品宣导，金蝶在一些细节的筹备上创新，让枯燥的线下会议也能调动起参会者分享的欲望，每次体验都是运营。如在“中国管理·全球论坛”上，金蝶用一瓶“兴奋剂”，让参会者自己找寻激活企业的答案。

——案例来源于网络

对线上的活动而言，直播是常见的内容运营手段，但是选择什么样的直播平台，主要取决于客户的聚焦程度。工具只是一方面，更重要的是平台和圈子，客户在哪里，圈子就在哪里，我们要设法让客户在自己熟悉的圈子里信任我们。成功案例、高端课程，以及作为价值延伸的圈子社交，都是能够打动客户的重要杠杆，如果能够有优质老客户愿意分享证言，便能够产生明星示范效应。

商业变法

第五，直播活动

从某种意义上讲，B 端直播是曲高和寡的“华山论剑”，而不是大众的狂欢。通过深度的内容获取有效的销售线索，起到线索转化与加速孵化作用。

B 端直播通过分享专业知识，可以快速吸引目标潜客的参与，通过直播内容的设置，与受众形成良好的互动，一方面能够加深目标潜客对品牌的好感度以及信任感；另一方面，可以沉淀出忠实的粉丝，使其成为品牌的拥趸者，创造商机和转介绍。

B 端直播不仅仅要在直播内容上下苦功夫做好准备，一定是对于客户来说有价值的内容，以行业干货或者方法论为主，更重要的是要设计好正常直播的传播链路，包括直播前、直播中、直播后的传播。就单场直播活动来说，触达的目标客户毕竟是有限的，通过直播产生鲜活优质的内容，进行二次传播或者多次传播，触达更多的目标受众客群，从而实现长尾效应。

1. B 端直播两级策略

精品直播栏目化：对企业精心打磨的深度内容，可以做成系列进行持续输出，形成周期性更新的内容栏目，一是展现企业在行业中的见解和专业度，二是持续影响客户，增强客户黏性。

热点直播流量化：热点直播是为了应时应景而策划的直播内容，是根据社会热点、行业热点随机策划的，主要以“快”为特点，一切可以从简，再配合社交传播和社群扩散，在声量和传播上能起到事半功倍的效果。

B 端直播时的注意事项：提前 15 分钟预热，提前 10 分钟结束，B 端直播控制在 30~40 分钟最佳。尽量不要沉默，提示内容尽量不超过5秒，直播背景应显示公司标志或者品牌标志，达成品牌曝光的目的。

2. 设计好B端直播 roadmap

一场线上直播活动，从准备到直播上线，一般要花费一周到几个月不等的时间。我们一般把它分为直播前、直播中以及直播后三个阶段，每个阶段再进行细分，从而制定出执行路线图。

直播前：首先要悉心准备，包括直播基础设施的搭建、直播方案的策划和活动规则设计。

其次是活动推广，主要是制作活动邀请函，并辅以新媒体内容的推广、官网推广、社群推广、邮件推广，以及通过全员运营私域流量的推广来让更多的人参与直播活动。当然了，如果有合作的大流量平台更好。

接下来就是报名，通过各种推广渠道的受众通过填写表单或者微信报名，最后把他们集中起来，建立直播的微信群，形成直播粉丝预备群，进行直播活动的预热维护。

最后是直播提醒与预告，在直播前一天、前一个小时、前10分钟要在直播粉丝预备群里进行提醒和预告，保证直播后有足够的人气。

直播中：直播开始后，要进行开场前的暖场活动，或者播放暖场视频，或者与受众互动，并现场答疑，保持直播间的活跃性。

也可以设置一些现场派奖、参与互动、对外分享和转发激励的环节，保持直播间的氛围以及活跃度，也保持直播内容的传播与分享。

直播后：直播后要对直播过程中的派奖、资料发放、留资信息进行统计和整理、问卷发送和调查。另外要安排奖品等的及时发放。

直播完成后，传播工作依然不可忽视，这是形成品牌长尾效应的最基本的工作，也会形成品牌内容的沉淀，这样有助于搜索引擎内容的优化。

3. 准备好直播清单

直播看起来简单，其实操作起来是一个非常繁琐的工作，所谓“步步惊心”，需要一步一个脚印地去做。有时候难免“智者千虑，必有一失”，所以我们需要一份直播清单，来对照我们的工作。如下表：

直播前		直播中		直播后	
● 开播前7-8周	1.确定直播主题 2.确定讲师 3.确定内容框架	● 开播前半小时	直播预热	● 直播结束	1.上架直播PPT 2.讲师社群答疑 3.回看下载资料
● 开播前5-6周	1.PPT内容沟通 2.PPT内容修改 3.PPT内容定稿	● 直播进行中	1.直播录制 2.直播互动 3.社群传播截图 4.收集用户反馈	● 复盘转出	1.直播数据统计 2.复盘目标是否达成 3.统计注册用户 4.及时转出数据
● 开播前3-4周	1.讲师包装 2.PPT内容美化			● 宣传传播	1.直播回顾文章撰写 2.回顾文章传播
● 开播前2-2周半	1.制作宣传海报 2.进行课程包装 3.建立活动后台 4.用户标签设定 5.小范围效果测试				
● 开播前1-1周半	1.发布宣传海报 2.发动全员转发 3.社群发布海报				
● 开播前2-3天	1、彩排和演练 2、软件熟悉				
● 开播前1天	1、设置各类通知 2、消息推送				

每一场直播，我们都要准备好自己的直播清单，仔细核对，完成的打钩，确保每一项工作都有条不紊，不重不漏地执行到位。

越来越多的企业开始意识到线上运营的重要性，越来越多的企业也开始尝试线上直播，利用直播获客将会变得随处可见，不管是朋友圈还是社群，都将是直播的战场。然而，B 端企业直播是一场相对曲高和寡的事情，跟风式线上直播获客，对企业而言真的有效吗？

第四节　搜索占位：B端企业搜索营销获客法则

对于TO B企业来说，搜索营销是一种获取销售线索的必要手段。简单来说就是目标客户通过搜索引擎搜索相关产品或者服务来选择供应商，从而形成有效的销售线索，创造销售商机。

搜索营销重要的是在搜索引擎形成占位，在搜索产品或者服务相关关键词的时候能够快速展现在搜索引擎的前列。对于搜索用户来说，越排在靠前的信息对他们来说越有价值，对于TO B品牌营销来说也越有价值。搜索营销的结果一般指向企业的官网，引到客户进一步了解产品信息与公司信息，通过主动留资或者互动交流，沉淀有效的销售线索，便于后续销售跟进与转化。

对于搜索营销，我们熟悉的一般有SEO优化和SEM，往往要跟内容营销相结合来做，好的营销内容是搜索营销的关键。

第一，搜索内容铺设与收录

搜索呈现的结果是内容，是有价值的信息，所以我们第一步要做的就是信息和内容的铺设，构建搜索的内容基础和内容载体。好的内容容易被搜索引擎收录，在用户搜索关键词的时候会排在结果页的前列，因此会带来源源不断的免费流量，将带着“需求”的客户引入企业的官网。

总体来说，内容铺设分为搜索平台内容铺设、官网内容铺设和其他平台内容铺设。对于TO B内容营销人员来说，要创作一些高质量的内容，合理布局企业或者产品关键词，将企业的产品或者服务软性植入，从而引阅读者到企业的官网，形成线索获取到加速的闭环。

1. 搜索引擎平台内容铺设

搜索引擎内容铺设容易被搜索引擎收录，具有天然的优越性，但是审核比较严格，上传和发布有一定的技巧性，总体分为以下几类：

百科类内容铺设。百科是TO B企业必须建立的内容渠道，也可以作为企业对外宣传的第一条信息。百科不仅能够很好地宣传企业，介绍企业的情况，更重要的是具有一定的权威性，增加企业的信任背书，自然也是搜索引擎收录的首选，一般都排在搜索结果的前面。

问答类内容铺设。问答类一般也是搜索引擎自身的内容频道，比如百度知道、360问答、搜狗问问等，收录效果很好，需要SEO优化团队针对用户提出的与企业业务相关的问题进行专业性回答，巧妙地引到企业的官方平台访问。

经验类内容铺设。经验类也是搜索引擎自身的内容频道，收录效果也很好，需要SEO优化团队针对产品或者平台编写相关的试用经验、操作流程、攻略等，以分享经验或者知识的角度引到客户。

文库类内容铺设。文库是一个专业的资料分享频道，一般也是搜索平台自身的频道，在收录效果和搜索排名方面具有得天独厚的优势。企业可以将一些可以公开的专业资料上传，以专业的角度引导目标客户的注意。

2. 企业官网内容铺设

企业官网不仅仅承担着产品和服务对外宣传和介绍的功能，还是企业官网信息、研究成果、深度文章与解决方案的发布平台。保持企业官网高质量内容的动态更新，有助于搜索引擎的收录和排名。

企业新闻内容布局。这里可以作为企业发生的事件、新闻的宣传窗口，在写新闻稿件的时候要有意识地在标题或者文章里植入企业产品、行业的相关关键词，这样当目标客户搜索相关关键词的时候，你的内容就有可能出现在他的面前。

原创的行业干货文章。文章的质量和原创度是搜索引擎收录和排名的重要因素，所以持续产出高质量的原创文章，并且能够契合公司的产品和业务，将有助于企业在搜索引擎的占位和排名，引导目标客户访问官网，产生咨询或者互动。

原创的解决方案内容。可以将公司在各行各业的服务案例整理成完善的解决方案，通过图文并茂的方式在官网发布，可以形成天然的高质量内容，一般会有很好的收录和排名，并且能够让客户产生信任。

当然了，我们也可以适当转载一些高质量的行业文章到官网，但是要保证内容的合法性和没有版权问题。

3. 其他平台内容铺设

企业除了利用好搜索引擎、官方平台发布内容，形成可供搜索引擎收录的内容，可被搜索用户检索到的内容以外，还需要对其他平台的内容进行铺设。

分类信息平台内容铺设。不管是哪个行业，都有一些垂直的网站，对厂家或者产品进行分门别类的整理、发布，以供有需求的客户选择和比较，所以对于TO B营销人员来说，可以对这类平台进行内容的上传和发布，当客户搜索相关产品的时候有可能就会被看到。

门户及垂直门户平台内容铺设。企业进行软文营销，要在一些门户网站或者垂直网站上发布一些企业的软文。门户和行业垂直门户一般权重比较高，搜索收录排名好，所以也是重点铺设的渠道。

社区/社交问答类平台内容铺设。除了搜索引擎自身的问答平台以外，一些其他社区类网站、社交问答类网站也是重点铺设的渠道，比如贴吧、知乎、果壳、天涯等平台。

新媒体平台内容铺设。自媒体越来越火爆，企业不仅仅要建立自己的官网微信平台，更要建立自己的新媒体矩阵，像头条号、网易号、搜狐号、一点号以及简书等平台，TO B企业也要加以利用，占领内容渠道。

博客内容铺设。虽然现在博客有些没落，但是作为SEO优化的渠道来说还是可以加以利用的。博客内容的铺设可以不作为重点，辅助提升内容的收录。

第二，搜索结果优化

对于自然搜索结果，我们一般会采取优化网站结构、提升网站权重，以及合理布局文章关键词密度，通过创作高质量的原创文章来提升搜索结果的排名，形成搜索内容的占位，这是我们通常讲的SEO，主要是自然排名的优化。

自然排名虽然见效比较慢，但是一旦做上去以后容易赢得客户信任，也容易长期保持搜索结果。曾经我们通过一篇高质量的文章，引来50个高质量的有效线索，收获和效果往往是意想不到的。

除了自然搜索排名优化以外，对于大数据TO B企业见效最快的就是关键词竞价和付费推广了，也就是说通过付费的方式，让你的官网内容优先出现在客户的搜索结果前列，可以从以下几个方面着手优化。

1. 关键词布局

做搜索付费营销之前，我们首先要结合行业、结合客户的需求、结合公司的产品和业务，梳理出推广词库表。搜索营销的推广词库表一是要符合公司的业务和产品，二是要符合目标客户的需求搜索习惯。

品牌关键词。企业首先要做的是保护好自己的品牌词，一些具有行业代表性或者有流量的企业品牌，经常会被一些竞争对手抢占竞价，目标客户搜索你家品牌关键词的时候往往排名靠前的是竞品的官网，这样就造成了流量劫持的现象，也无形当中将你家的目标潜客引向了竞争对手。所以，有知名度的品牌首先要保护好自己的品牌词。

核心关键词。核心关键词是最能代表TO B企业主营业务和产品的关键词，是企业需要加大预算和投入进行推广的关键词。核心关键词一方面是对品牌产品和服务的推广，一方面是目标客户需求的体现，搜索习惯的体现，所以是重点中的重点。

行业关键词。行业关键词虽然点击量大，但是不精准，往往消耗了大量的预算，但是带来的效果和转化率却一般，属于流量关键词，中小企业建议慎重投放。当然了，企业如果预算充裕，需要大范围进行品牌曝光和推广的话是可以考虑投放的力度。

长尾关键词。长尾关键词需要深度挖掘，运用得好的话，不仅能够节省大量的预算，而且可以达到事半功倍的效果。挖掘长尾关键词需要从用户搜索习惯去洞察，找到最适合投放的长尾关键词。

2. 投放方式

从目前搜索付费营销的方式来看，主流形式一般有品牌广告、竞价排名、知识营销、信息流广告。下面我们就这四种形式做一下探讨。

品牌广告。品牌广告是搜索引擎基于关键词搜索的硬广形式，一般是以关键词买断或者周期付费的形式出现。相较于其他付费推广形式，它更多的是按照时间收费，而并不是我们所熟知的按照效果付费的方式。

但是相对于其他网站硬广，搜索引擎品牌广告是基于客户的关键词搜索行为精准推荐的，所以具有一定的精准性，依然是基于客户的“诉求”而产生的广告展现，并不是海量的盲投。

搜索品牌广告可以提高品牌的知名度，具有很有视觉冲击力的展现形式，一般是在搜索结果的右侧出现，有大幅的广告画面，能够很好地彰显品牌形象，相较于关键词竞价排名的展现形式友好得多。

搜索品牌广告的缺点也显而易见，从经验来说转化效果差强人意。对搜索页面来说，信息的排列价值呈“F型”，也就是说一般情况下越往左上角的信息价值密度越高。这是由于人们的信息接收习惯和阅读习惯所决定的。

所以，对于品牌广告，每个企业应该针对每个阶段的诉求以及预算合理分配。对于大多数TO B中小企业而言，我们要把有限的预算投入到转化效果好的方式上来，虽然品牌形象和美誉度也至关重要。

另外，值得强调的一点是，对于品牌广告的图片设计，包括文案的创作，也应该以客户为中心，用市场化的语言突出产品的卖点，或者直击客户的痛点，这样才会吸引客户的点击和关注，而不是故弄高深，玩弄一些概念或者技术语言。

竞价排名。这是TO B企业搜索营销最常用的一种方式，也是效果比较稳定的一种方式，一般情况下大多数线索都来源于关键词竞价排名。

关键词竞价排名的竞争是非常激烈的，尤其是热门的行业和热门的产品，点击一次的价格远远超过了大多数小微企业的心理承受能力，但是又不能不做，那应该怎么做?

如果从转化效率和费效比的角度考虑，可以尽量偏向企业的核心业务词的投放，让点击和展现更加精准，过滤掉许多不太精准的“无效点击”。当然了，这样做有可能会漏掉一些可能的销售线索，因为对于目标客户而言，搜索的关键词也许并不那么精准，需求往往是模糊的。

客户的需求有可能不会那么具体，很多时候是模糊的。举个例子，如果你是做OA系统的，你如果投放“企业管理软件”这个词的话可能流量比较大，相对而言竞争也比较激烈，况且能够匹配上“企业管理软件”关键词的产品也很多。但是如果你只投放“OA软件”的话，肯定很精准，有可能会漏掉一些搜索“企业管理软件”的客户，因为客户并不知道他们所要的企业管理软件就是OA软件。如果竞争对手恰恰投放了这个关键词，那么客户就有可能被引流到对手的官网。

知识营销。搜索类的知识营销也是一种比较隐性的方式，对于客户来说是比较友好的一种形式。知识营销的内容往往寄生于问答内容与文库内容里面，在客户了解问题或者寻找答案的过程中展现在你的面前。

知识营销与长尾关键词好像是天然的一对，比如当有人搜索“舆情监控系统哪家好”的时候，你的广告内容恰恰就出现在相关问答的回答里，从而将客户直接引流到企业产品官网，让客户了解你的产品，从而回答了客户的问题。

信息流广告。信息流广告是基于推荐算法的“千人千面”广告形式。它会在客户刷信息内容的时候出现在你的阅读列表里。

信息流广告是一种被动推送的形式，并不是一种主动获取的模式。所以信息流的推送主要基于客户浏览习惯以及搜索习惯画像，将相关广告推荐给客户，从理论上来讲有一定的精准性，但是对于TO B企业的营销来说效果不是很明显，相反更适合TO C企业的营销。

为什么信息流广告的效果不是很理想？这主要是由客户的使用场

景决定的。当客户通过搜索来发现产品时，是带着某种工作目的或者任务的，一般都是在工作时间。当客户在信息流里看见企业的产品广告时恰恰是客户的娱乐时间，并不是工作时间，所以不会太引起客户的关心。

搜索营销已经非常成熟，我们不仅要熟练掌握搜索营销的主要形式，更重要的是要熟练掌握搜索营销系统、广告创意与内容的管理，以及关键词的反复优化和调整，还有出价的不断调整，才能达到比较不错的效果，提高 ROI。

所谓知易行难，搜索营销看起来很简单，其实是一个非常复杂的工程。另外落地页的创意和内容质量以及营销链路的设计，都会影响到整个营销效果的转化。

第五节　精准获客：B 端AI+数据营销获客法则

大数据技术通过不断挖掘和分析全网信息，挖掘企业的全量知识图谱，并在此基础上结合 NLP、机器学习算法等人工智能技术，能够为 TO B 企业提供从线索挖掘、商机触达、客户管理到成单分析的全流程智能销售服务。帮助 TO B 企业解决在寻找、联系、管理客户时遇到的销售难题，让企业高效获取精准销售线索，降低获客成本，从而全面提升销售效率和业绩。

大数据能够通过数据采集，将企业的各种公开信息进行清洗规整，轻松获取各种企业数据，并进行数据补全，构建满足丰富业务需求的企业知识图谱，从而支持营销团队根据自身业务需求，定制和挖掘特定行业的深度数据，支撑企业进行科学的营销决策。

TO B 企业能够做大数据营销获客的基础是因为很多企业在互联网上提供了自己公开的数据，这些公开的数据散落在互联网的各个角落，比如企业黄页、电商网站、商品黄页，以及行业垂直网站等，成为 TO B 企业营销线索的重要来源。对于 TO B 营销人员来说，这些数据就像一颗颗散落的珍珠，需要一条线把他们穿起来，从而发挥出价值，而这条线就是大数据。

第一，大数据能够支持营销预测与科学决策

1. 基于 AI+ 大数据的 TO B 市场分析

TO B 市场分析以往都是通过走访调研或者调查问卷的方式进行，局限性在于样本数据量太少，所以往往就会得出偏离事实的结论。通过大数据，可以分析全量市场数据，利用大数据和 AI 全面提升分析精准度，有效解决 TO B 领域市场规模预测，帮助营销人员洞悉市场，成为中国企业级市场分析的利器。

与传统的抽样调研不同，基于大数据和 AI 的 TO B 市场分析，会利用全量的知识图谱数据，精准预测特定领域的市场规模，让营销人员依托数据科学决策。依托独特的企业业务标签体系以及企业图谱可以提供特定地区细到业务层的产业结构分析，比传统的国标大类更加详细，让营销人员和营销团队能够更加科学地制定营销战略和营销计划。

2. 基于大 AI+ 大数据的 TO B 销售预测

根据销售线索的消耗反馈，优化企业销售智能预测模型，在长期使用过程中，让模型更精准。

新客户精准挖掘。当企业拓客渠道有限、难以开拓市场时，可以根据过往成单客户情况建立预测模型，帮助客户快速发现商机，拓展市场。

存量线索评估。面临海量线索时，大数据挖掘可以帮助营销人员进行线索的补全、清洗和排序，让客户获得无重复、有效且按价值排序的高质量线索。

客户画像构建。当企业的产品比较多样、客户构成复杂时，大数据可以深入分析已有客户群，完成分层，构建不同类型的企业客户画像。

销售时机判断。营销人员知道意向客户是谁之后，销售还要知道什么时候联系客户。大数据根据行为评分模型，判断企业的意向程度，让你选择最适合的时机进行销售，提高销售成功率。

销售话术组织。大数据能让销售人员快速了解企业背景，并清晰掌握企业的业务痛点和现有状况，进而帮助销售人员提前组织话术，更有针对性地销售。

第二，大数据能够支持营销构建智能化的销售全流程系统

AI+ 大数据为 TO B 企业提供从线索挖掘、商机触达、客户管理到成单分析的全流程智能销售解决方案，帮助大中小型企业在销售端降低销售成本，提升销售业绩。

利用大数据 +AI，在销售线索的每一个关键节点帮助企业提升精准度和效率，逐步提高销售线索的价值密度，最终让销售人员拿到的都是优质的销售线索，从而显著提升销售效率。

1. AI+ 大数据拓客

从海量企业中发现大量精准、有价值的销售线索，并实现对线索的快速触达，完成销售线索从获取、跟进、转化到留存的全生命周期管理。

线索发现。销售人员可以通过采集到的企业数据库以及企业图谱，快速精准找到目标企业，省去在网络上寻找企业信息的麻烦。从数十个维度中选定一个或多个筛选条件，找到符合条件的所有企业。然后基于企业客户的多维销售数据构建预测模型，从海量企业中预测优质潜在客户，发现优质的销售线索。

线索分析。以图表形式呈现各类销售数据，实现销售过程可视化，掌握企业内销售开展情况。剖析已有客户群的特性，锁定关键特征，让销售人员能够清晰把握企业的客户画像。

2. AI+ 大数据集客

全渠道、全场景的客户触点接入，结合人工智能技术，实现访客的智能接待，不错过任何一个咨询与商机。打通网站、WAP、微信等多种沟通渠道，全面覆盖客户与销售人员的接触点，聚合多种沟通方式在一个工作台，显著提升售前沟通效率。

访客画像。一个页面呈现访客多维度信息，帮助了解访客特征和行为轨迹，迅速定位潜在商机，提升销售转化和服务质量。

访客接待。基于 AI 客服对话机器人，帮助 TO B 企业实现自动沟通，并高效完成潜在商机的信息收集，全年不间断服务，不遗漏任何一个商机。

多维报表。打通从官网到成单的全链路数据，转化状态一目了然；出具全流程数据报表，所有会话内容一目了然，轻松量化分析业务能力。

3. AI+ 大数据线索触达

有一天，当你接到一个向你推销产品的电话时，你以为是一个声音甜美、善解人意的美女销售员，其实有可能恰恰是一个机器人跟你聊天。通过语义分析与机器学习，AI 呼叫在销售领域已经开始悄然兴起。它带给 TO B 营销行业的冲击远超你的想象。

电话销售是许多 TO B 企业惯用的销售手段，一个熟练的电话呼叫座席一天可以打出 100~300 通电话，而一个智能呼叫机器人一天可呼叫 800~1200 通电话 ，而且不受情绪和心情的影响，也不会被客户的举动所左右。况且智能呼叫机器人不需要工资，也不需要五险一金，更重要的是全年无休。它大大颠覆了我们的认知，不仅成倍提高了销售效率，也成倍降低了销售成本。

智能呼叫。以真人式的语音与客户沟通，主动引导销售过程，解答业务问题，自动完成意向筛选。借助于系统，简单操作就可以获取海量意向线索，更大限度地提升销售效率。

我们利用大数据拓客和集客获取到的销售线索，只需要部署一套自动化呼叫系统，就可以启动群呼拨打计划，机器人自动拨打号码完成沟通。它还可以根据对话内容，理解对话意图，准确返回最佳应答，与真人体验无异。而且通话过程中随时打断，及时响应客户对话。也可以同时发起多个呼叫任务，合理安排任务开展时间，同时销售多款产品。

邮件触达。利用拓客和集客获取到的销售线索，通过邮件自动化批量触达销售线索，同时还能够及时反馈每封邮件的触达情况分析，让销售人员轻松定位高意向的线索。

效果分析。机器人会深度分析对话数据，通话结束后自动根据客户意向进行分类，方便跟进。全方位实时统计分析，深度剖析通话数据，为客户管理提供重要的决策参考。

AI+大数据销售全流程数字化、可视化，快速校验销售策略。通过全网丰富的企业大数据，合理设定市场目标。智能线索触达和线索质量评分，洞察客户需求意向，让销售和市场共同聚焦优质客户，提升协同效率，能分析线索触达效率，提升销售人员的沟通能力。数字化的业务流程，可快速复制优秀销售团队。

第六章 B端产品营销工具制作

营销工具是TO B企业营销人员的必备武器，好的营销工具可以大大降低销售的难度，提升营销的效率，快速响应客户的需求，在竞争中先人一步，形成企业相对标准的营销手法。

第一节 产品包装：B端产品营销包装思维方法

当我们拿着自己认为牛哄哄的方案跟客户介绍产品，演示我们的方案的时候，恨不得把所有高科技、前沿的技术名词都甩给客户的时候，客户往往会不知所云一脸懵懂的状态。当你讲述你的技术的时候，和善一点的客户为了照顾你的面子，会让你继续讲完，只不过他已不再听你讲的内容，要么在想自己的事情，要么已经低头玩起了自己的手机。有些耐心不太好的客户甚至会当场叫停你：What are you say? 你说的我根本听不懂，你就直接说你们公司能干什么，能给我带来哪些价值，能解决我什么问题。

这个时候该轮到你一脸懵懂了，当时的尴尬估计难以言表。相信很多做B2B营销的人都遇到过类似的情况，屡屡受挫后我总结出一条真理：

你认为金光闪闪的东西，在客户眼里可能一文不值。

对于很多B2B营销人员来说，拿到的宣传材料有可能是产品或者技术人员准备的，只是从产品本身和技术上去讲这件事，并没有从产品价值和客户的应用场景出发，所以就是一场尴尬的独白。所以当我再次面对客户讲解方案的时候，会主动询问客户是否跳过技术部分，客户也会会心一笑：这个可以放到以后实施的时候再探讨。

当然，这只是一种客户应对策略或者权宜之计，不是终极的解决办法，我们更需要一套行之有效的方法论。产品或者技术部门给到营销人员的方案其实并不能直接作为面向客户的材料，它只是一个半成品，需要营销人员从客户与业务场景、让客户成功的价值点来包装和提炼。

大多数客户只认同可见价值，所以要通过产品亮化，提升价值可见度。

如果把B2B产品包装看成是一个品牌实验的话，那么在实验过程中要对产品进行价值的萃取、提纯以及亮化和演绎，这可以看作是TO B产品包装的四部曲。针对不同的行业，不同的产品有不同的包装方法，但是以客户为中心的产品的价值感呈现是不变的法门。

如果把对客户无益的东西强加给客户，要么是产品价值观的缺失，要么就是自取其辱。

随着人工智能、大数据、区块链的浪潮，越来越多的学霸和技术大咖参与到创业中。技术型创业者特别容易在商业化上形成以技术为中心和以自我为中心。

就像一位“国家千人计划”的高科技博士创业者所说：“以客户的需求为中心、站在客户的角度思考问题”是一个特别天然、特别应该的事情，不管是B2B还是B2C业务。但这个道理对于学术背景、工程出身、技术背景出身的创始人来说，并不是一种天然形成的思维。

B2B市场是一个极具现实、亟须商业化的市场。所以，技术型公司必须去适应市场化，去砍掉自己的“骄傲”，倾听客户的想法，尊重客户的需求，以市场为先，尤其身处在金融、医疗、安防、政府、教育等行业。

产品需要包装，需要用市场化的语言让客户听得明白，看到产品的价值。但是产品包装不是一味地讲故事、玩概念、喊口号，需要切实从产品的本质和应用场景出发，挖掘产品能够带给客户的价值。

脱离用户场景与产品本质的包装都是一厢情愿。

所以，产品包装应该是产品价值的体现和释放，是让客户成功的重要途径，所以B2B产品包装应该实事求是，做到足够坦诚。

第一，产品包装的原则

以客户为中心。不得不说华为是一家伟大的公司。这句话看起来很简单，但是做起来太难了。很多公司的产品包装都是脱离客户需求的，不是以客户为中心去讲述产品，也不是解决客户关心的点，太过于迷恋于自我技术的呈现，忽略了客户真实的感受与诉求。

甚至有些产品没有针对明确的目标客户对象，感觉谁需要都可以，这样的产品是没有清晰的定位的，也就不能让你的目标客户对号入座。客户的感觉是你在讲一件跟自己毫不相干的事，甚至他压根不知道你在说什么，没有明确的营销指向性，也许只是自言自语罢了。

以场景为切入点。合格的产品一定是符合客户的业务场景，符合客户的实际工作场景，一定从客户的实际需求、痛点出发，解决客户的痛点，满足客户的实际需求。客户实际需求的梳理要明确到客户实际使用场景的关键环节、关键步骤，精准描绘出客户的需求场景地图。

沿着这个逻辑，我们需要对行业痛点、客户需求做一次简要的全景扫描，提炼出最能与客户产生“共鸣”的价值点，从而凸显出我们对客户的理解能力，以及能让客户成功的价值和自信。甚至有时候让客户感觉这个产品就是为他量身打造的，是为他而来的，能够真正对他的业务提供帮助。

从这一点上讲，产品包装是从客户反推产品，而不是从产品灌输给客户。产品包装就像是一次教学，好的教学方式一定是“诱导”式的，引导客户快速融入产品使用场景，认识产品的价值，从而提起客户对产品的兴趣和关注。而大多数产品包装和讲述产品的方式是填鸭式的灌输，不管客户想不想看，想不想听，依然从产品简介、产品架构、核心技术按部就班地讲起，听得客户昏昏欲睡，既不能与客户产生“共鸣”，又不能与客户产生“共情”，一开始就已经输了。这就是为什么很多客户都不给你讲完的机会。

客户无感的原因不是不了解技术，而是你不了解客户。

很多人将产品讲解效果不好的原因归咎于讲解人对技术或者产品的理解不深刻，或者觉得讲解者没有介绍到位。其实不然，只要能呈现出产品的价值，产品自己会说话。客户又不是傻子，即使你不说话，他也能看明白。

第二，产品包装的手法

产品包装是为了让客户更好地理解，那么就不能直接把文档甩给客户。产品的宣传材料也是产品的一部分，也需要有良好的体验，以便于客户更高效、更快速地捕捉到产品的价值。

智。整个产品包装应该有一个大“逻辑”，在营销或者广告里我们把他成称为“big idea”，这个是产品包装的灵魂，要始终贯穿于你的产品介绍，不管是价值还是功能。如何找到这个“big idea”需要我们反复提炼，反复推演，反复测试。就像你写作文一样，有明确的主题，你就会顺着一直往下写，如同行云流水，读起来顺畅连贯，一气呵成。而很多产品的包装都是碎片化的，是对所欲信息的堆砌和罗列，毫无内在关联，也得不到相互印证。

悍。好的产品包装必须有销售力，能够产生让人信服、获得客户认同的能力。看过很多产品包装，感觉像是在读百度百科的信息一样，味同嚼蜡。最搞笑的是一家做高科技的企业，竟然产品包装材料里满篇都是鸡汤。

产品包装切忌搬运大众所熟知的“通识”，以及行业普及性的信息，甚至直接搬运一些大的概念词和空洞无物的口号，这是不能容忍的，客户每天看的文章也许比你还多。

这就要求产品包装必须言之有物，必须独一无二，必须有创新，必须是原创。只有创新的、原创的东西才会获得别人的认同，获得别人的尊重。随便在网络上复制一些信息就想糊弄客户的时代早已过去了。

美。任何人都不会拒绝美，任何人都喜欢美好的事物。我们不会过分追求包装材料的视觉效果，但是最起码得让客户感觉舒服，而且应该体现一家公司的行业“调性”。在产品材料中要体现规范，让人感觉出公司的专业性。

对于产品的逻辑尽量用图形化、图表化的方式去表现和阐释，不要试图用大段的文字去解释，那样只会适得其反。见过很多产品的PPT，讲解人员一直在念PPT，客户听不下去，到最后自己也念不下去了，那叫一个尴尬。

另外，对于宣传包装材料，如果是PPT的话，应尽量用暗色的底，因为很多时候都要进行投影，而客户的投影设备可能没有那么高清，如果是在白天的话，暗色的底可以让投影效果保持在一定的水准。

简。产品包装要去掉大量无关紧要的干扰信息，做到详略得当、重点突出，让最有价值、最有用的信息以最短的距离到达目标客户。见过很多堆满密密麻麻文字的产品介绍PPT，不觉让人感觉天旋地转，本来短短半小时的产品讲解，硬是让客户在密密麻麻的文字里去提取有价值的信息，只能说客户真惨，心情可想而知。

除了整个画面要简洁以外，还请提炼好你的标题。客户也许只会读你的标题，而压根不会看你的内文，所以我们必须有“划重点”的思维，把重要的价值以关键词、短语、短句的方式呈现出来。文案也力求简洁有力、精准、耐人寻味。

结构化。结构化思维要始终贯穿于整个包装材料，章节之间需要以结构化的方式组织，每一页的内容也需要以结构化的方式呈现。结构化的方式之间也要遵循某种逻辑，比如并列、关联、流程等，符合客户的认识习惯。

值得注意的一点是，章节与章节之间应该有某种联系，有承上启下的对应关系，要埋好“伏笔”，诱导目标客户继续往下看，保持持续的关注度。

第三，产品包装的注意事项

切忌罗列功能：那是产品功能清单或者产品规格说明书要干的事。

切忌堆砌参数：那是产品技术白皮书要干的事。

切忌假大空口号：口号大家都在喊，凭什么就适合你？

切忌吹嘘忽悠：如果你只想卖一次可以，不想复制给第二个客户也可以。但是如果你是卖产品，那这样做的结果只有一个：自绝出路。

产品包装不可过于含蓄，也不可过于夸张，要把握好分寸。所以对于市场部负责产品包装的人员来说，要扮演好“科学家”与“艺术家”的双重角色。

第二节　工具矩阵：B端企业产品营销工具清单

看过金庸小说的人都知道，每一个大人物出场时不仅要有自己的江湖名号，更重要的是要有一件称心如意的武器，就会立马显得这个人很厉害的样子，比如金轮法王的“大金轮”，金毛狮王的“屠龙刀”等，都给我们先入为主留下了深刻的印象。

所以，对于英雄人物来说，名号重要，武器也重要。对于企业来说，品牌重要，销售工具同等重要。

对于销售工具，从 TO C 营销行业来说，房地产行业的楼书可谓是兼具艺术审美与商业的典范，所以楼书越高端，房子也卖得越贵，尤其豪宅和别墅更甚。另外，像家居行业的宣传画册也做得别出心裁、美轮美奂，看完画册感觉已经过上了精致舒适的生活。

对于 TO B 行业而言，不太重视销售工具的打造，反而更多的是一副以自我为中心的样子，不管是带给客户的体验，还是销售的第一感觉，都是差强人意。

古语云：君欲善其事，必先利其器。TO B 企业打造适合自身营销的工具是一项必不可少的工作，我们要使用场景和工具形式两方面来梳理所需要的营销清单。TO B 营销工具矩阵如下图：

场景	名称	格式				制作		
		文档	图片	音频	视频	难度	周期	成本
宣传	公司介绍	√				易	短	低
	公司宣传片				√	难	长	高
	公司宣传册		√			难	长	低
	产品介绍	√				易	短	低
	产品宣传册		√			难	长	低
	产品折页/DM单		√			易	短	低
	产品视频				√	难	长	高
	功能清单	√				易	短	低
	成功案例文档	√				易	短	低
	成功案例视频				√	难	长	高
	企业课程	√		√	√	难	长	高
售前	解决方案	√				易	短	低
	建设方案	√				易	长	低
	产品白皮书	√				易	长	低
	技术白皮书	√				易	长	低
	报价服务方案	√				易	短	低

第一，营销工具使用场景

产品营销工具是营销人员与客户接触时候的必要工具，根据销售推进的旅程和阶段，可以灵活使用和配合使用。

1. 产品宣传工具

产品宣传工具主要是用于与客户第一次接触，客户需要了解一下产品和公司的时候所使用的工具，是对公司和产品的价值提炼。在与客户交流之前并没有跟客户交流过，也没有信任的基础。

与客户面对面交流或者汇报时，有可能客户只是想了解一下产品，需要销售人员在线发送一些宣传材料给他。

这个时候我们有可能用到的工具主要有：产品介绍、产品宣传册、公司介绍、产品视频、H5 介绍、功能清单、产品官网链接等，根据客户的不同偏好发送不同的物料。记住，这时候客户只是初步了解一下产品而已。

2. 产品售前工具

客户了解完产品以后，有可能产生兴趣，需要约时间见面交流合作，探讨一些细节，甚至需要针对性地提出合作建议以及合作方式。

这时候我们有可能要用到：产品解决方案、产品白皮书、建设方案、产品报价单、成功案例等，有些可能还需要进行现场演示，所以得提前准备演示环境。

第二，营销工具的形式

文档工具：文字版工具是最基础的材料，适用于花大篇幅描述的系统化专业文档，包括解决方案、建设方案、产品白皮书、技术白皮书、成功案例等，制作难度较低，一般为 PPT、Word、Excel 等格式，并且一般需要转换成 PDF 版本，便于兼容性。

图片工具：主要是针对产品宣传，适用于简洁性的表达，比如宣传册、产品长图、产品海报等，需要文案和设计协作才能完成，制作周期较长。

音频工具：音频工具可以是放在企业官方自媒体平台，供客户自行下载或者收听，一般是公司的课程等，需要策划音频内容，以及录制、剪辑，制作难度较高。

视频工具：视频主要分为公司宣传片、企业专题片、产品宣传片、客户案例、视频课程、产品录屏等，需要经过视频策划、脚本撰写，甚至请影视公司拍摄制作，反复修改，最后形成成片，制作难度、制作周期、制作成本都相对较高，一般给客户按需要发送，或者上传到企业官方自媒体平台供客户下载。

第三，营销工具使用方法

有这么多的营销工具，到底如何用？

见过很多销售人员，只要一接触客户，不管三七二十一，把所有的营销工具资料整体打包以后给客户发送过去，反正都在这里，你自己看吧。B2B 的营销是一个循序渐进的过程，需要根据客户的需求，不断地引导、不断加深客户对于产品的认知。

首先，作为 B2B 营销人员，对所有营销工具的用途、内容、功效要有自己的理解和认识。哪些是侧重于品牌宣传层面的，哪些是侧重于产品介绍层面的，哪些是应对客户需求和建议层面的，需要心中有数，灵活运用。

其次，作为 B2B 营销人员，要对客户的意向深度、需求真伪进行判断，评估客户需求以后，初步判断客户处于哪个阶段，决定发送什么样的营销工具适合。有些时候，客户是真实的客户，有些时候只是友商或者竞争对手为了做竞品调研来套取一些资料罢了。

最后，营销工具有些是标准的，可以直接发送给客户。有些可以根据客户的个性化需求和关注点进行相应的调整和改动，甚至进行重组或者逻辑优化，最后呈现给客户。

营销工具是 B2B 销售人员必备的，也是 B2B 市场部门不可或缺的一项基本工作内容。所谓兵马未动，粮草先行，不能让销售人员赤手空拳上阵。

第三节　线上工具：B端企业线上物料规划与设计

TO B 企业产品营销是线上线下相结合的过程，所以关于营销物料也是线上和线下配合来使用，才能达到相对较好的效果，也能提高营销的效率。

对于目标客户来说，当销售人员第一次跟他接触以后，他肯定会去搜索引擎或者微信里搜索公司的信息，然后进入企业的官方平台整体来了解情况。企业的官方平台是至关重要的，是企业的门户，所以建立一个高质量的企业官方平台是最基础的工作，没有之一。

企业的官方平台从客户访问渠道来说分为企业 PC 端官网、移动端官网和小程序。每个平台的内容大致相同，但是从功能和侧重点来说又有所不同。

第一，企业 PC 端官网规划与制作

企业官网规划分为功能规划和内容规划两部分。

1. 企业官网定位

根据功能的诉求，企业的官网分为两种类型：一种是营销型，我们见到的网站基本上都是营销型网站；另外一种是展示型，这样的网站占比较少，除非是大型的集团型企业，或者上市公司以及国企、央企。

营销型官网。顾名思义是以效果为导向的，官网是TO B企业各个获客渠道的收口，不管是从线下还是线上获客渠道来的客户，最后都会主动搜索企业回到官网了解信息，所以企业官网是获客的收口。

官网里面的Banner图、案例展示、客服系统以及公司介绍、团队展示等内容，都是为了打动客户，获得客户的联系方式。然后你会发现，官网上面至少有4个以上入口，提示用户留资，翻几页就能看到公司的联系方式，就是为了快速获取客户的联系方式，再配合以咨询弹窗，体验虽然不好，但是获客转化率是可以的。

展示型官网。有两类企业会做展示型网站。一类是大型企业，在业内口碑已经到顶，无须装饰自己，他们做的网站只需要展示出自己的标杆调性即可，获不获客不重要，高度才重要。

另一类是容易犯错的企业，在他们的认知里以为网站做好看了就可以获客，实际上这是一种错误的认识。要知道做品牌和做效果的打法是完全不同的，在素材的制作上就可以体现出来，一个可以无联系方式，一个必须有二维码。

绝大多数企业都处在成长期，所以我们看到的绝大多数网站都是营销型，都是为了获客而建。有个别蛮有个性的企业创始人做的花里胡哨的官网看起来很标新立异，进入这样的网站，就像进入了一个奇幻空间，充满了惊喜和不确定性，然而在搜索引擎面前什么都不是，既没收录又没排名。

2. 企业官网内容规划

首页定生死，内页定留存。

根据经验，用户在只访问了首页即留资的比例可以达到70%，可见一个优秀的首页是多么重要。首页做得恢宏大气，客户只看首页就能感觉到是一家非常有实力和专业的企业。

内页的内容深度决定了客户的留存时间和留资转化。所以内页内容要做到恰如其分、详尽、专业，让客户看完以后产生信任，获得认同感，有进一步产生合作的欲望。我见过一些创业公司的企业网站，内容主要是对公司团队和创始人的夸夸其谈和吹捧。当我在百度搜索相关创始人的时候根本没有一星半点的报道，说明并不是多大的咖，连主流媒体也不报道，企业还有什么谈资拿来给客户炫耀？所以想要获得客户的信任还是老老实实地体现出企业的专业能力与优势，让客户信服。

企业官方的内容从大的方面一般规划为：首页、产品服务、解决方案、核心优势、成功案例、重要客户和战略合作伙伴、新闻资讯以及公司简介、通联方式以及互动工具。

首页。首页是企业官网的门面，体现着一家企业的品牌调性和形象，也是整个官网内容的总入口，是所有内容的精华展现，起到大纲和目录的作用。所以规划设计首页的时候一是要从品牌形象角度考虑，体现公司的品牌价值和行业影响力；二是从官网内容索引的角度出发，将重点内容提纲挈领地提到首页推荐，以便引起目标客户的重点关注。

产品服务。主要介绍公司的主营业务以及核心的产品和服务，包括产品的价值、产品的功能、产品的应用场景以及服务内容的整体介绍，让客户知道产品具体是干什么的，能解决我哪些痛点，能带给我哪些价值。这里是促成客户留资和转化的重要板块，所以一定要设计好你的表单，或者提供产品预约演示和申请试用的通道。

解决方案。解决方案是TO B常见的一种面向客户交付的形式，可能包括产品、服务以及运营的综合工作，是一套面向不同客户和不同业务场景的整体服务方式，需要对背景、意义、价值、建设或者服务内容、实现方式和路线、预期成果进行全方位的阐述。同样，这里也要设计好你的表单，或者提供产品预约演示和申请试用的通道。

核心优势。核心优势是一家企业面向市场、面向客户所独有的竞争能力。包括企业的优势资源、创新技术、知识产权、服务能力，以及行业经验等，是能够区隔竞争对手的能力体现。

成功案例。成功案例是企业在长期市场竞争中所积累的实力见证，是通过市场验证、获得客户认可的体现。对于成功案例，我们要选取有代表性的进行总结提炼，优化后进行展示。包括客户背景、应用场景、应用价值、应用效果，以及客户故事和证言。

重要客户和战略合作伙伴。重要的客户和战略合作伙伴一般是在官网的首页展示，选取知名度高的公司或者行业巨头，具有代表性的合作伙伴或者客户，彰显企业的实力和行业认可度。

新闻资讯。新闻资讯是企业官网进行内容发布的板块，包含企业新闻、行业动态、企业活动、产品白皮书、报告等内容，一方面可以提升网站的收录和排名，另一方面可以提升企业的影响力和美誉度。

公司简介。公司简介是公司基本情况的概述和介绍，一般包括企业的基本信息、发展历程、企业文化、获得奖项及荣誉，如果有大股东或者合作互动，可以介绍重要股东和合作伙伴，为企业背书，在客户心中建立可信度。

通联方式。通联方式是企业的基本信息，是为了让客户能够联系到你、找到你。一般包括企业的地址、电话、邮箱等。

互动工具。互动工具是客户与客户进行在线沟通、在线咨询的方式，是一种即时聊天系统，像百度商桥、企业 QQ 等都可以满足大部分企业的需求。

第二，企业移动端官网规划与制作

人们已经习惯了使用手机搜索信息，所以移动端官网是非常重要的品牌营销的平台。随着移动互联网的发展，企业官网的优化方向也越来越重视移动端搜索引擎的排名优化。而其 PC 端官网在移动端的展示被忽略或者做得不够规范，也因此有很多企业的官网在移动端搜索引擎的关键词排名很差。如果没有移动端官网，企业至少会失去一半线索。

移动端官网与 PC 端官网的内容规划大体相同，但是在体验和设计上要有所区别，不是简单地将 PC 端官网搬到移动端就可以。

收录排名。给用户和搜索引擎爬虫的“第一印象”就是网站外观情况，如果没有好的且易于用户体验的网站设计，那么即使有再好的内容也会让用户心生反感。因此，在网站制作或者改造开始，就要充分考虑网站在移动端的展示情况，让企业官网的移动端网站可以很好地适应手机等移动端设备。一般利用 html5 技术制作的网站可以让其在多端多设备上进行更好的自适应展示，也有益于相关搜索引擎关键词排名优化。

内容体验。因为移动端网络的便捷性，代表了人们可以更多使用短暂的空暇时间来访问网络，相应的在企业网站的内容部署上，就应该针对内容尽可能精简化。因为如果内容拖沓冗长，可能用户没有足够的时间来了解你所表述的完整信息，那么你很可能就会因此错失一个潜在客户。所以，我们在网站内容或者是工具服务提供上应该了解移动端用户的特点，为其制作更加合理的内容规划等。

第三，企业小程序规划与制作

小程序的出现，为 TO B 企业提供了更加紧密的与目标客户互动和交流的方式。对于 B2B 企业而言，可以通过官网小程序的搭建形成企业的客户社群，积累企业的“私域流量池”。

1. TO B 企业官方小程序的定位

小程序基于社交平台，具有天然的互动优势，可以很好地跟客户建立互动关系，客户也可以很方便快捷地关注或者添加企业的小程序，形成黏性。

TO B 企业的小程序要区别于官网的规划和内容布局，要从充分利用互动的角度出发，来规划企业的小程序。重点从以下几个方面进行考虑。

内容共享。因为小程序的友好体验，企业可以将一些课程讲座音频、视频内容，以及深度的行业报告、文章或者白皮书在小程序上进行专题式共享，并且客户可以留言或者评论，与其他客户交流互动。

直播课程。借助小程序强大的功能，企业可以开展线上的直播课程，或者进行客户的集中培训，定期为客户提供优质的内容和知识，或者在线上举行产品发布会，并且能够与客户建立相对封闭、相对稳定的生态。

开展活动。企业可以策划一系列互动小游戏或者小活动，在节日或者特殊日子进行客户关怀，比如客户在小程序组织抽奖、抢红包等活动。

客户分享。小程序可以组织重点客户进行线上分享，让客户产生优质的 UGC 内容，形成产品品牌资产，从客户的角度来推广产品，产生口碑效应。

2. TO B 企业官方小程序的运营

通过企业公众号关联小程序。微信对于小程序开发已经提供了关联公众号的功能，可以将两者关联，通过微信公众号内容营销引流客户进入企业官方小程序留存、沉淀，产生更深的互动和交流。

可以将企业官方小程序的二维码放在其他物料上面，比如放在企业的官网、宣传册以及产品宣传册上面，触达目标客户扫描二维码沉淀到企业官方小程序，然后进行销售加速转化。

第四节 线下工具：B端企业线下物料制作与设计

TO B 企业线下营销工具主要是用于销售人员在地推拜访客户时的工具，它们使用的场景分为两种：一种是去拜访客户的时候，可能客户没有那么多的时间，需要留下资料，等客户有时间了仔细看；另一种情况是在参加展会或者活动的时候，接待的客户比较多，来不及给每个客户讲解产品和公司，只能赠送给他们一些宣传材料，让他们阅读或者带走，有感兴趣的客户可以进行咨询或者再次联系、交流。

线下销售工具是对公司整体情况和产品的标准化介绍，降低了销售的难度，也弥补了销售对产品或者业务的不足。它可以辅助销售人员比较到位地介绍公司的产品和业务，不会跑偏。

从用途和形式上来分，TO B 线下营销工具分为宣传片、宣传册、案例集、折页、易拉宝、DM 单等。

第一，企业品牌层面

宣传片：宣传片是企业的重要销售工具，它可以通过声音、图像以及所见即所得的形式全面介绍企业的情况，能够多角度、多方位、立体化阐述企业的价值和取得的成就和成果。

企业宣传片不仅能够立体式介绍企业的情况，展现企业的实力，更重要的是能够宣扬企业的文化。当销售面向客户讲解企业情况的时候，可以通过一个短片让客户直观地了解企业，而不至于因为销售人员的表述不到位而使客户产生对企业的理解偏差或者信息衰减。

企业宣传片在内容方面要接受企业的情况，从视觉上来说要符合公司的行业属性以及文化内涵，通过画面渲染来感染客户。另外从创意上来说，需要有别出心裁的叙事手法，以一条“故事线”出发，让客户便于记忆，留下深刻印象。

如果企业只有一项或者两项主营业务，可以将企业情况和业务情况一起介绍，串联起来讲述。如果企业是多元化的企业，或者业务分支比较多，可以对每一项业务单独制作宣传片，也可以拍摄专题片，或者分篇章拍摄制作。

宣传册：宣传片是视频和音频的表现形式，而宣传册是图文表现形式。宣传册和宣传片所表现的内容是一致的，但是两者的使用场景和偏好不同。在有些场景下不适合宣传片的播放，也没有发送视频给客户的条件，那么这个时候就可以给客户宣传册。另一方面，也取决于客户的习惯和偏好。“世界上没有两片相同的叶子”，人是千奇百怪的，不同的人有不同的喜好，有人习惯于研究和琢磨，仔细阅读图文类的材料，而有人习惯看视频，萝卜青菜各有所爱。所以，我们不能改变客户的习惯，我们只能创造多种可能，适应和满足客户的习惯。

重要的一点是，宣传册对于给客户汇报、客户留档和备案效率更高。当你去拜访一个客户，最后要留给客户资料的时候，留下一本设计精美的宣传册其实很方便，举手之劳。但是要留下一份宣传视频就不那么方便了，要么你得要客户的邮箱，或者给他在线传播，往往受到网速等影响；要么你就留给他一个带视频的U盘，这样做的代价未免过高。

宣传册的设计要简洁大气，多用图形来表现要表达的内容，或者用图文混排的方式。视觉冲击力要足够吸精，具有一定的创意性，让人看了耳目一新。

第二，产品业务层面

产品折页：折页主要用来对单个产品进行深入介绍，它包含了产品定位、产品价值、产品功能、产品技术、成功案例的综合介绍，整体调性上要和宣传片、宣传册保持一致。一般情况下，对于一款产品折页不要超过三折页，依然要遵循智、悍、美、简的原则。

不要试图用文字去阐述你产品的功能或逻辑，尽量用图形或者图表的形式去表现内在的关系和关联，以所见即所得的方式展现产品的功能。产品折页不仅要实现结构化，更重要的是文案的创意水平要达标，直击用户的痛点。

案例集：案例集是一项长期动态的工作，需要将企业的成功案例按照业务线或者产品分门别类地整理，编写成案例库或者案例集，主要体现带给客户的价值以及客户评价和效果。

制作案例集最简单的方式是用Word或者PPT，制作成本比较低，容易上手，但是对制作人员的排版能力要求比较高。有条件的企业也可以设计成图片或者制作成视频，这样从客户体验上来说更好，只是制作成本和周期相对较高。

第三，活动会议层面

易拉宝 /X 展架：这一类线下物料主要是用于特定的场合，往往在企业参加活动或者举办活动的时候会用到。一个易拉宝只表现一个主题，比如活动的话可以有活动的宣传，或者活动的指引，或者企业品牌宣传。设计表现上依然要跟品牌调性保持一致。

DM 单张：DM 单张是线下销售工具中轻量级的武器，是对某一个解决方案或者某一个技术的阐述。它灵活方便，可以按需制作，往往具有时效性和阶段性。在使用的过程中可以和其他销售工具相配合。

公司在推出某一个解决方案或者出台一些促销政策的时候，往往制作 DM 单张，由于其制作成本低、周期短、比较容易，能够快速敏捷地投放市场。

TO B 线下营销工具其实远远不止这些，对于一个资深的销售人员来说，只要是有利于获客成功的都可以作为销售工具，比如对客户有用的报告、白皮书等，都可以用来获得客户的信任。

第五节　敏捷工具：B端企业销售轻工具运用

不知从何时起，微信不再是一个单纯的社交平台，更是一个工作工具。

每天，我们通过微信和客户沟通，传输与发送文件，朋友圈里也满是营销广告，微信已经占据了我们日常工作的大部分时间。你的所有客户资源、所有合作伙伴也许都在微信里，微信对于营销的价值不言而喻。

基于微信的客户维护和营销传播，我们要与时俱进，运用好一些新的“轻工具”。“轻工具”主要表现在制作简单、操作易上手、修改和内容编排灵活、传播方便等特点。最主要的是“轻工具”具有动态编辑和实时更新的特点，能够制作成“活”的宣传推广物料。

1. 微信海报

微信海报是B2B企业经常用到的营销轻工具，小巧灵活，可以在微信里面自由传播，实现点对点发送。设计精美的微信海报相较于纯文字，对于客户的体验和好感度更强。

微信海报一般用于新产品发布的朋友圈公告或者通知，告知客户或者潜在客户有新品发布或者产品升级，引导客户体验或者继续使用。

可以用于活动的宣传海报，比如线上直播活动、线下沙龙等宣传预热，为活动引流，引起客户关注，起到活动预告的作用。

还可以用于客户关怀、节日问候。比如比较重要的节日或者节气，用微信海报的形式给客户送祝福，可以增强客户感情，维护客户关系。

2. 宣传H5

微信H5相较于微信海报，能够融入声音、图片、动画等各种特效，给人更多的互动和感受。

微信 H5 一般用于活动邀请函，完成对目标客户的活动内容介绍及邀请，完成客户在线提交表单报名参加活动。

H5 还可以用来制作电子书，将公司的报告或者白皮书制作成专题，发给客户供客户阅读，增强阅读体验，维护客户关系。

3. 微信长图

微信长图相较于微信海报信息量更大，适合于包含大量信息的内容的传递。设计微信长图一是要控制好分辨率，二是要控制好大小。

一般微信长图主要用于产品或者业务的全面介绍，我们通常看到的“一张图带你了解 ×××”就是这种类型。

另一类是对深加工过的信息的整理和呈现，比如做舆情监测的公司，每天都会把国内重要的舆情事件整理成长图，形成每日舆情热点发送给目标客户。

微信长图在在线课程或者直播培训方面运用较多，一张图可以将课程内容、课程大纲及目录、讲师简介等全面介绍完，信息完整度较高，阅读体验也较好。

4. Gif 动图

Gif 动图既区别于静态的图片，又区别于视频，体积小，保存与发送都比较方便，但是不经常用于销售工具的支持。

Gif 动图一般用于活动现场的录制，给客户实时发送活动现场快照，或者保存活动的经典画面。

Gif 动图还可用于产品操作界面的演示，有些客户往往要求我们要对产品录屏，这其实是一件麻烦的事，所以把产品的核心功能做成

Gif 动图，在需要的时候可以直接发送给他，小巧轻便。

5. 互动表单

往往最简单的方式是最直接有效的武器，B 端营销最主要的指标是获客，获客最有效的方式是让客户留资，获取有效的商机，留下有效的联系方式和信息，以便于后续的销售跟进。表单可用于获客留资，也可以用于用户调研、市场调查等，是一个非常灵活的方式。

营销轻工具随着技术的发展越来越丰富，基于互联网工具和模板，营销人员可以快速生成自己需要的营销工具，比如活码、表单、邮件模板等，可以借助平台工具，快速实现，辅助销售进程。

第六节　售前工具：B端企业售前工具包组合应用策略

销售是对接商机和商机跟进，等商机进一步成熟，客户需要对整个产品进行评估的时候，就不再是销售能够搞定的事，必须依赖售前的介入。

售前介入以后需要对产品的功能、性能以及技术能力、服务能力给出全面的解决之道，所以往往也不是一蹴而就，需要反复沟通与交流才能打消客户的疑虑，形成完整的可行性方案。

在做售前的时候我们也不能打无准备之仗，所以我们依然要打磨好自己的工具，枪支弹药要重组，轻重武器要备齐，这样才能做到应对自如，快速响应客户的要求，提升客户体验。有时候成功的机会转瞬即逝，成功与否只是差那么一点，有可能是响应时间，也有可能是仓促准备的影响。

售前，预则立，不预则废。

临时抱佛脚往往是靠不住的，所以作为市场营销部门必须提前谋划、提前准备，才能临阵时运筹帷幄、胸有成竹。所以，建立相对完整的售前工具是必备的工作，而且要根据客户的反馈进行动态优化，像产品一样进行版本升级迭代，趋于最优。

第一，售前工具制作的原则

对于同一个业务、同一款产品，不同的客户可能侧重点也不尽相同。以不变应万变是对客户的不尊重，但是完全定制化又违背产品的初衷，并且会带来大量的工作。所以在制作售前工具时，我们要充分考虑产品的特点和客户的实际，尽量做到灵活自主。

模块化。售前的工具资料有时候需要根据不同的场景和不同的客户、不同的需求进行相应的调整，所以对于营销部门来说，在制作售前工具材料的时候就有模块化的思维，可以进行组合和灵活使用。甚至售前人员在面向客户的过程中，可以快速组合成适合本次交流的内容，包括篇幅和内容。

标准化。虽然材料可以做成模块化的，但是从每一个模块来说可以做成相对标准化的内容，这要与实际交付的产品模块相匹配。不能为了模块化而将产品拆成不可交付的内容，也就是产品交付的最小单元的内容应该是相对标准的。

规范化。售前材料是面向客户的，所以材料一定得符合一定的规范，符合一定的审美。这样既能体现一家公司的专业性，也能体现出企业的严谨性和追求品质的精神。

第二，售前工具制作的内容

我们把产品售前工具分为演示版和阅读版，在不同的场合和不同的阶段组合使用。

产品介绍 PPT：产品介绍 PPT 是产品售前工具的基础，适用于很多的场景，往往第一次接触客户会给你发，或者第一次拜访客户时需要给客户进行讲解演示。

制作产品介绍 PPT，在把产品价值和功能讲清楚的基础上，更重要的是梳理一条讲解的“主线”，顺着这条主线客户才会愿意听下去，才会沿着你的思维去理解。很多产品介绍 PPT 失败的原因都是死在了逻辑上面，前面讲过的内容后面又回来了。如何做到疏密有致、不重不漏、轻重区别、一气呵成，是一个成功的产品介绍 PPT 的基本标准。

另外，可以去掉那些无用的点缀，除非为了表现某种逻辑和关联性，不宜添加太多的动画和效果，以简洁为主。

产品白皮书：产品介绍 PPT 是对产品的框架性介绍，是对产品的重点的浓缩和提炼，能提纲挈领地呈现出产品的价值和应用逻辑。而产品白皮书是对某一个产品进行公开说明的企业官方文件，是对产品全面、详尽的说明和阐述。整个逻辑和框架与产品介绍 PPT 是大致相同的，但是从深度和广度上来说是深入的介绍，不仅要有体现产品的图解，更要有对产品细节的详细说明。

产品白皮书一般用Word文档来撰写，然后再进行排版和规范化处理，包括封面、标题、目录、页眉页脚等，都要符合严格的字体、字号、颜色、间距等规范。

技术白皮书：技术白皮书是对产品所用到的核心技术能力的规范性介绍，一般包括技术背景、技术介绍（包括基本概念、特点、标准、概念、术语）、技术原理（包括每项技术的原理、能力、应用路径），以及技术方案（包括方案、部署、流程及优化）。

产品解决方案：产品解决方案Solution就是针对某些已经体现出的，或者可以预期的行业问题、不足、缺陷、需求等所提出的一个解决整体问题的方案（建议书、计划表），同时能够确保加以快速有效地执行。

产品解决方案必须有明确的对象或者施行的范围和领域，往往包括了产品介绍、产品白皮书、技术白皮书的相关内容。解决方案在某些领域不只是针对问题本身，也必须考虑到需要服务的对象以及客户的具体情况和需求。

完整的解决方案的制作逻辑顺序及内容大致可分为确定问题对象和影响范围、分析问题、提出解决问题的办法和建议、成本规划和可行性分析、执行策略、后期跟进和交互修正、总结。当然了，解决方案制作没有绝对的标准，可以根据不同的客户、不同的阶段、具体的需求进行调整。

产品报价核算表：在做产品报价清单的时候，我们首先要弄清楚两件事，一是产品定价模式，二是产品交付模式，在这两个基础上才能做出相对科学、合理的产品报价清单。

对于 B2B 产品，一般有三种定价模式可以作为参考：

买断模式：客户出钱，买断产品的使用权。常见的有大型解决方案和建设项目的结算，一般都是采取买断的形式，毕竟价格不低。

租赁模式：即一年多少钱，或者说一个用户一年多少费用等，按使用周期计费方式，SaaS 产品大多采用这种模式。

按量付费：有些产品不限制用户的数量，不限制使用时长，但是按照服务的使用量来计费，阿里云等云服务厂商便是经典案例。

对于 B2B 产品，在完成合同签订到正式交付使用过程中都有一个交付环节。不同的产品、不同的行业、不同的公司会有不同的交付模式。一个好的交付模式，既能够让客户感觉到公司的实力和专业，也能够为公司节省不少交付成本。

确定了定价模式和交付模式以后，在编制报价清单的时候就清晰多了，可以根据服务项进行分项报价，注明周期、数量、规格及标准，以及单价和总价。产品报价核算表我们一般会做成 Excel 的格式，最后核算出单个项目的单价和总价。

当然了，有些定制化的建设项目需要通过人月法或者功能点法进行项目概算，不属于标准产品的报价，不在此讨论范围之内。

产品功能清单：产品的功能清单是对产品功能的说明集合，我们需要通过表格的形式将一款产品的功能项、功能描述、应用场景等进行精确和言简意赅的描述。一般情况下我们要对产品的功能进行分级拆解，拆解到最末级的功能和描述。

项目建设方案：产品建设方案是通过反复调研、反复论证以后形成的对整个项目的整体规划和实施路径，包含了项目建设的背景、项目概况、价值意义、现状分析、需求分析、整体规划设计、实施方案、运维方案、服务方案、培训方案、采购方式以及项目概算等全方位的内容，是系统性最强、完整度最高的售前材料。

到项目建设方案这一阶段的时候，往往已经确定了合作意向，需要有针对性地了解客户的需求定位、调研结果、需求重点、项目预算、结合产品做出可行性方案。项目建设方案一般是 Word 文档的格式，篇幅从几十页到上千页不等。

产品演示 demo：产品演示 demo 是最直观地向客户展示产品功能、说明产品逻辑的工具。对于标准化的产品我们可以专门准备一套演示平台，用于售前对客户的演示讲解。对于定制化的项目，我们可以先出产品原型，有必要可以做成高保真交互的原型，尽量接近真实的产品使用场景。

产品售前工具使用过程往往不是单线程、流程化的，更多的时候是根据销售进程组合来使用，比如产品讲解和产品演示、产品报价会出现在同一次交流过程中。

总之，变则通，通则达，适时变通才是最好的售前策略。

后记

B2B 营销增长在路上

首先，这是写给自己看的一本册子。

中国的 B2C 生意模式即将见底，留给创业者的机会已经不多。但是中国的 B2B 生意才刚刚开始，它就像地下的火热的熔岩，已经酝酿了很久，即将喷薄而出。

率先踏上 B2B 之路的创业者，一部分拿到了融资，先看到了未来；一部分正在上下求索，摸着石头过河；还有一部分已经人仰马翻，折戟沉沙。

在 B2B 营销这条路上我不知道自己还能走多远，也许有一天调转船头，去踏新浪；也许有一天并不提往事，只是安度余生，但是我至少经历过、存在过。

经历过，就应该留下点什么，不是为了行业，仅仅是为了自己。

写完这本小册子，我有一种如释重负的感觉。本来只想写两三万字，没想到一下子写了近 10 万字。没想到这几年做的这些鸡零狗碎的工作，竟然有这么多的满腹牢骚言。

好了，就此打住，且向前看。

作者

2021 年 3 月

附录

B2B营销语录

你一副高不可攀的样子，客户就会对你爱理不理。

对于从事 TO B 领域的市场营销人员来说，不仅要掌握营销的知识和技能，更要对行业、产品和服务有深度见解，成为本领域的“半个专家”。

你认为金光闪闪的东西，在客户眼里可能一文不值。

如果把对客户无益的东西强加给客户，要么是产品价值观的缺失，要么就是自取其辱。

脱离用户需求场景与产品本质的包装都是助纣为虐。

客户无感的原因不是你不了解技术，而是不了解客户。

决策者、使用者、采购者的不一致性决定了 TO B 的营销要占领高地，向下覆盖。

对于 TO B 采购来说，可以总结为八个字：集体行为，长官意志。

TO C“说人话”，TO B“懂术语”。

TO C 是“大众情人”，TO B 是“红颜知己”。

TO C 要“冲动”，TO B 要“理性”。

TO C 凭“感觉”，TO B 拼“价值”。

TO B 营销，不止于 TO B。打动 B，你得更懂 C。

大多数 TO B 营销难的原因：既要把思想装进客户的脑袋，又要把钱从客户的口袋里掏出来。

搭建优秀的 TO B 品牌内容要像研发产品一样来做。

TO B 想要成为行业标杆，就要打造品牌的唯一性。

“获客”是 B2B 企业品牌营销的核心指标，没有之一。

B2B 企业的营销渠道就是建立“中间商”体系。

B2B 企业营销的重心正从“要声量”向“要销量”转变。

B2B 品牌传播，试着让你的产品更贴近人性与日常生活。

对于 TO B 企业而言，创始人包装显得尤为重要。因为在 TO B 行业，信任是天生的壁垒。创始人往往是企业的超级销售员，创始人的光环甚至可以成为赢得客户信任的基础。

任何品牌的终极目标都是成为经久不衰的 IP。

对于 TO B 的营销我们要做到“喜新不厌旧”，维护好一个老客户往往比开拓一个新客户更重要。

售前，预则立，不预则废。

疏密有别、不重不漏、轻重区隔、一气呵成是一个成功的产品介绍 PPT 的基本标准。